UNE FAMILLE S'IL VOUS PLAIT!

Par CLÉMENCE ROBERT.

2 vol. in-8°. — 15 fr.

UN CŒUR
POUR DEUX AMOURS,

Par JULES JANIN.

1 volume in-8°. — 7 fr. 50 c.

L'ANE MORT
ET LA FEMME GUILLOTINÉE,

Par Jules Janin.

Nouvelle édition, entièrement revue et corrigée.

1 vol. in-8°. — Prix : 7 fr. 50 c.

NE TOUCHEZ PAS
A la Reine,

Par MICHEL MASSON.

1 vol. in-8°.—7 fr. 50 c.

LE MARIAGE MYSTIQUE,

PAR

ATHANASE DE MONPLAISIR.

1 vol. in-8°. — Prix : 7 fr. 50 c.

— 12 —

ALPES
ET
DANUBE,
VOYAGE EN SUISSE, STYRIE, HONGRIE ET TRANSYLVANIE,
Par le Baron d'HAUSSEZ.
2 volumes in-8°. — Prix : 15 francs.

LES SOIRÉES
DE JONATHAN,
Par X.-B. SAINTINE.
2 vol. in-8°. — 15 fr.

PICCIOLA,
Par X.-B. SAINTINE.
Un beau volume grand in-18. — Prix : 5 francs.

MÉMOIRES
DE FLEURY,
de la Comédie-Française.
6 vol. in-8°. — Prix : 45 fr.; (l'ouvrage est complet).

SHAKSPEARE DES DAMES,
30 magnifiques portraits de dames avec texte français,
UN SUPERBE VOLUME,
reliure de luxe en maroquin doré. — Prix : 36 fr.

SOUVENIRS

DU

DUC DE VICENCE.

IMPRIMERIE DE Mme PORTHMANN,
RUE DU HASARD-RICHELIEU, 8.

SOUVENIRS

DU

DUC DE VICENCE

RECUEILLIS ET PUBLIÉS

PAR CHARLOTTE DE SOR

TOME II

Deuxième Édition.

PARIS
ALPHONSE LEVAVASSEUR ET Cie
8, PLACE DE LA BOURSE

1837

MÉMOIRES

SUR

NAPOLÉON ET L'EMPIRE.

CHAPITRE PREMIER.

« Mon cher duc, » me dit l'Empereur Alexandre en serrant mes deux mains dans les « siennes, je vous plains de toute mon âme ; « vous êtes l'homme que j'estime le plus en « France ; comptez sur moi comme sur un « frère, mais que voulez-vous ? que puis-je « pour vous ?

« — Pour moi, Sire, rien. Pour l'Empereur, « mon maître, tout.

« — Et voilà justement ce que je redou- « tais !.. car il me faut vous refuser, vous af- « fliger. Je ne puis rien pour l'Empereur Na-

« poléon ; j'ai des engagements avec les sou-
« verains alliés.

« — Mais la volonté de Votre Majesté doit
« être d'un poids immense dans la balance des
« intérêts de l'Europe ; et si l'Autriche, ainsi
« que l'exigent toutes les convenances, veut
« intervenir franchement dans les affaires de
« la France, il est encore possible de conclure
« une paix qui assure la tranquillité de tous.

« — L'Autriche, mon cher duc, l'Autriche
« ne me secondera dans aucune proposition
« qui aurait pour but de laisser Napoléon sur
« le trône de France.

« — L'empereur François ne peut cepen-
« dant vouloir détrôner sa fille et son petit-
« fils ?

« — L'empereur d'Autriche fera au repos
« de tous le sacrifice de ses affections person-
« nelles. C'est un parti pris, irrévocablement
« pris, d'en finir à jamais avec l'Empereur
« Napoléon. Toutes les tentatives pour chan-
« ger cette résolution seraient inutiles. »

J'étais atterré. Cette déclaration si formelle
ne me laissait plus aucun espoir. J'avais bien
prévu que j'aurais à discuter de dures conditions, mais l'idée de l'Empereur détrôné ne

m'était pas tombée à l'esprit. Alors seulement je vis la grandeur du péril qui menaçait l'empire. Hélas ! nous n'étions plus en mesure d'appuyer nos réclamations par la force ; les événements nous envahissaient avec la rapidité du feu, et nous ne pouvions nous soustraire à aucune des exigences du vainqueur ; une seule combinaison pouvait encore réussir ; je pris sur moi d'aborder la grande question de la régence.

« Eh bien, soit!.. » répliquai-je, « mais,
« est-ce justice et équité de proscrire du même
« coup l'Impératrice Marie-Louise et son fils
« le roi de Rome qui, lui du moins, n'est pas
« redoutable pour les puissances. Il y a un
« moyen de conserver les droits incontestables
« du fils de Napoléon au trône de France...
« une régence... »

« Nous y avions pensé, » interrompit Alexandre, « mais que ferions-nous de Napoléon ? Le
« père est un obstacle invincible à la recon-
« naissance du fils.

« — Sire, l'Empereur fera à son fils tous les
« sacrifices qu'exigeront les malheureuses cir-
« constances où la France se trouve placée.

» — Mon cher duc, vous vous abusez. Na-

« poléon cédera, dans ce moment, devant l'in-
« flexible loi de la nécessité; mais son intolé-
« rable ambition reprendra plus tard toute
» l'énergie de ce caractère de fer que nous lui
« connaissons tous, et l'Europe sera de nou-
« veau en feu.

« — Je vois, » dis-je amèrement; « que la
« perte de l'Empereur est jurée !

« — A qui la faute? » reprit vivement Alexandre : « que n'ai-je pas fait pour prévenir ces
« terribles extrémités ! Rendez-moi la justice,
« monsieur le duc, de convenir que j'ai tout
« tenté pour lui faire ouvrir les yeux sur l'iné-
« vitable résultat de son injuste aggression con-
« tre la Russie. Dans ma sotte probité de jeune
« homme, j'ai cru à la sainteté de l'amitié ju-
« rée et je lui ai dit : « Les puissances, lasses
« d'insultes et d'outrages, s'allient entre elles
« contre votre insupportable domination; elles
« sont résolues à tous les sacrifices ; une seule
« signature manque à ce pacte, c'est la mien-
« ne.... » En réponse à cette loyale commu-
« nication il m'a déclaré la guerre, et il a foulé
« aux pieds cette pure et enthousiaste affection
« que je lui avais vouée ! »

Un sourd gémissement s'échappa de ma poitrine. Je ne trouvais pas une parole à opposer à ces récriminations sans fiel et sans animosité.

« A cette heure, » poursuivit Alexandre,
« à cette heure encore, je ne trouve pas, dans
« mon cœur, de haine contre lui, et je voudrais
« que son sort ne dépendît que de moi.

« — Oh! vous êtes le meilleur des hom-
« mes, » m'écriai-je, « et je n'invoquerai pas
« en vain votre appui pour un si grand homme
« malheureux. Soyez son défenseur, sire; ce
« noble rôle est digne de vous.

« — Sur l'honneur, je le voudrais; mais je
« ne réussirai pas. Il y a ici un parti très-
« influent, qui veut rétablir les Bourbons en
« France. Avec cette famille, nous n'avons
« pas à craindre le retour de la guerre.

« — On vous abuse, sire; si quelques per-
« sonnes ont rêvé le rappel des Bourbons,
« c'est dans leur intérêt particulier, et non
« pas comme un moyen de pacifier l'Eu-
« rope. Les générations nouvelles, c'est-à-dire
« les masses n'éprouvent ni affection, ni inté-
« rêt pour cette famille qu'elles ne connaissent
« point. Les Bourbons n'ont rien de commun
« avec la France de 1814. Le temps a consacré
« l'œuvre immense de la révolution, le passé

« ne nous appartient plus.... De cruels souve-
« nirs restent cependant à ceux dont elle a
« brisé l'existence ; ils rapporteraient de l'exil
« des traditions gouvernementales et des pré-
« tentions hostiles aux nouveaux intérêts de la
« France. Croyez-moi, sire, il y aurait dans
« cette combinaison de nouvelles tourmentes
« et de nouveaux malheurs pour l'Europe.

« — Vous auriez parfaitement raison, mon
« cher duc, si nous voulions imposer les Bour-
« bons au peuple français; mais je me suis
« tout d'abord prononcé nettement à ce sujet :
« je ne fais pas la guerre à la France, je ne la
« fais qu'à l'ennemi du repos de tous. La con-
« séquence de cette déclaration est la liberté
« la plus entière pour votre pays de se choisir
« un souverain. On m'assure que la nation
« désire les Bourbons, et si l'expression du
« vœu public les rappelle....

« — Si votre Majesté entend par l'expression
« du vœu public les machinations de quelques
« intrigants...

« — Il est difficile d'être juge et partie
« dans sa propre cause. Vous êtes aigri, mon
« cher duc...

« — Sire, le malheur est susceptible, et...

« — Écoutez-moi, écoutez-moi. Ne voyez
« ici dans l'Empereur de Russie, qu'un ami
« qui discute avec une entière bonne foi, et qui
« admire votre dévouement et vos courageux
« efforts en faveur de votre souverain mal-
« heureux. Soyez donc convaincu que si je
« vous oppose des arguments contraires à vos
« désirs, c'est moins pour vous combattre
« que pour chercher à poser la question sur
« son véritable terrain.

« — Je ne doute, sire, ni de votre loyauté, ni
« de votre volonté d'être impartial, mais Votre
« Majesté subit, sans le vouloir, des in-
« fluences....

« — Mais, enfin, » interrompit-il très-vive-
ment, « le prince de Bénévent se fait fort de
« l'assentiment du sénat, des grands corps
« constitués, des chefs de l'armée. Or, cette
« unanimité de vœux est d'un poids énorme
« dans les circonstances actuelles. On dit, et
« il paraît certain, que tous en ont assez de
« *Bonaparte* (je me sers du mot consacré ici);
« ils veulent à tout prix assurer leur tran-
« quillité.

« — Heureusement, sire, ces ingrats qui
« doivent tout à l'Empereur, et qui veulent à

« *tout prix* s'en débarrasser, ne sont pas la
« nation. Que Votre Majesté veuille bien faire
« ouvrir des registres dans toutes les munici-
« palités de France. Là, se manifestera le vé-
« ritable vœu du pays, et les puissances verront
« clairement si les Bourbons l'emportent sur
« Napoléon ou au moins sur son fils. S'il entre
« dans la politique des souverains alliés de
« respecter les droits d'une grande nation, la
« majorité des votes est le seul moyen de con-
« stater sa volonté, et d'asseoir le nouveau
« gouvernement sur des bases solides. L'Eu-
« rope a pris les armes pour conquérir la paix ;
« craignez, sire, que de fausses mesures ne
« remettent en question cette paix si chère-
« ment achetée. »

L'Empereur Alexandre se promena plus
d'un quart-d'heure, absorbé dans de profondes
réflexions ; puis, s'arrêtant devant moi :
« Mon cher duc, je suis frappé de tout ce que
« vous venez de me dire. Le moyen que vous
« proposez est peut-être le plus propre à nous
« conduire au but que nous voulons atteindre :
« une paix stable. Mais ce moyen entraînerait
« de longs délais, et les circonstances nous
« débordent. On nous presse, on nous harcèle

« pour en finir ; de plus, le gouvernement
« provisoire qui s'est établi règne de fait, c'est
« une puissance très-réelle et à laquelle vien-
« nent se rattacher toutes les ambitions et tous
« les ambitieux. Cet état de choses ; entre
« nous, a été amené de longue main.... Les
« puissances alliées sont sans cesse entourées,
« caressées, pressées de se décider en faveur
« des Bourbons ; enfin elles ont de graves in-
« jures personnelles à venger... Il existe dans
« la cause que vous défendez une complica-
« tion d'intérêts divers qui la perd.... D'un
« autre côté, l'absence de l'Empereur d'Au-
« triche est une fatalité, et si je tente quelque
« chose pour le fils de l'Empereur Napoléon,
« je serai seul de mon bord ; je ne serai pas
« secondé...

« — Oui, sire, il y a bien de la fatalité
« dans cette absence de l'Empereur d'Autri-
« che, mais votre généreuse influence peut y
« suppléer. Déclarez-vous pour le vaincu et la
« juste cause du fils de Napoléon peut encore
« triompher.

« — Ils avaient bien raison, mon cher ami, »
dit Alexandre en me tendant affectueusement
la main, « ils avaient bien raison de me faire

« promettre de ne pas vous voir...... Cette cha-
« leur de l'âme, qui vous rend si malheureux,
« est communicative. Vous avez remué en moi
« toutes les cordes nobles du cœur. Eh bien,
« oui ! j'essaierai ; demain au conseil je revien-
« drai sur la question de la régence. *Toute*
« *autre* proposition est impossible, ne vous
« abusez pas. Et... *espérons.* »

« Cette conversation, » continua le duc de
Vicence, « est de la plus parfaite exactitude. Ce
mot *espérons* vibre encore à mon oreille, parce
que ce mot avait une haute signification dans
la bouche d'Alexandre. J'en mesurais toute
la portée, et l'espérance rentra dans mon
âme.

« A cet entretien si grave succéda une de
ces bonnes causeries d'autrefois. Personne ne
savait, comme Alexandre, porter dans l'intimité ce gracieux laisser-aller qui fait disparaître les distances. Mettant de côté sa tenue
officielle, il redevint le bon, l'aimable causeur
aux charmantes futilités. Nous reparlâmes de
sa coquette et délicieuse Antône, toujours
aimée et toujours mutine. « Elle abuse de ma
« faiblesse pour me tyranniser, » me disait-il ;
« je prends les plus belles résolutions contre

« elle, et puis je ne sais pas lui résister, je n'ai
« pas le sens commun, mon cher duc ! »

« Il l'aimait encore comme un fou, mais sept cents lieues le séparaient d'elle, et Paris offrait tant de distractions, tant de séductions, que je prévoyais bien que le règne de la ravissante Antône allait finir.

« Gai, heureux, Alexandre ne se lassait pas de me raconter ce qui s'était passé dans son cercle intime depuis mon départ. Nous passâmes en revue toutes les anecdotes des élégants de Saint-Pétersbourg ; et moi, le front chargé d'ennuis, l'esprit gros de tristesse, j'écoutais les joyeuses histoires pour rentrer plus sûrement dans le cœur du seul ami qui me restât !

Il était quatre heures du matin, Alexandre tombait de sommeil.

« Votre majesté, » lui dis-je, « voudrait
« bien se débarrasser de moi et cela n'est pas
« facile, je n'ai pas le pouvoir de me rendre
« invisible..

« — Vous êtes ici en bonne fortune, mon
« cher duc : entrée furtive, déguisement, rien
« n'y manque ? Bon gré, mal gré, vous ne pou-
« vez sortir d'ici sans me compromettre, mon-

« sieur l'officier Russe. Etendez-vous donc
« dans ce fauteuil. Vous n'êtes pas une Judith,
« au moins? » et il se mit à rire aux éclats.

« — Je connais les lieux, sire... je vais pas-
« ser dans la pièce voisine, je m'y renfermerai,
« et j'y resterai jusqu'à ce que Votre Majesté
« m'en chasse. »

« Cette chambre, ce lit où reposait Alexandre, c'était la chambre, c'était le lit de
l'Empereur Napoléon, lorsqu'il habitait l'Elysée; la pièce où je passai, c'était son cabinet
de travail. Là était un divan sur lequel je me
jetai, et, tandis que je cherchais un pénible
sommeil, les événements de ces deux derniers
jours se reproduisaient confus à ma pensée
engourdie; je rêvais la douleur. De temps en
temps je cherchais à ouvrir les yeux pour
échapper à cette cruelle somnolence et toujours
j'y retombais... lorsqu'à huit heures je parvins
à m'éveiller tout à fait, je crus sérieusement
avoir perdu la raison. Ce réveil fut affreux! »

Le duc de Vicence cessa de parler, il semblait comme anéanti sous l'impression de ce
souvenir.

« Je ne connais rien de plus dramatique, »
lui dis-je, « que cette position du grand

écuyer de l'empire, de l'envoyé de l'Empereur Napoléon, hier encore si redouté. Ah! je m'identifie avec tout ce que vous dûtes souffrir, caché par l'Empereur de Russie dans le palais de l'Elysée... à Paris... La pensée s'arrête épouvantée sur ces mystérieux décrets du destin, et ces récits nous paraîtraient fabuleux, s'ils n'appartenaient à cette grande et solennelle catastrophe que nous avons vue s'accomplir sous nos yeux sans presque la comprendre.

« — Sans doute! les causes occultes qui ont préparé la chute de l'empire, sont restées ensevelies parmi les meneurs de l'entreprise. Des esprits étroits n'y ont vu qu'une juste punition de l'insatiable ambition de Napoléon, parce qu'il est plus commode de juger les faits par les résultats. Je ne prétends pas nier les fautes que l'empereur a pu commettre, mais qui mieux que lui pouvait les réparer? Et comment tant de gloire, tant de prospérités, tant de si grandes et belles actions ont-elles pu être sacrifiées et oubliées en un instant? Au jour du malheur la France devait-elle abandonner son héros? Cette faute surpasse toutes celles de Napoléon. Encore quelques années et l'attitude de la nation, pendant cette terrible crise d'avril

1814, deviendra un problème insoluble pour l'intelligence.

« Je reviens à mon récit, » continua le duc ; « j'entendais des allées et des venues dans la chambre de l'empereur de Russie. Je m'approchai d'une fenêtre ; à travers les rideaux j'aperçus le jardin rempli de troupes qui bivouaquaient là, comme sur nos places, comme dans nos rues ; je ne pouvais m'accoutumer à ce spectacle et je revins me jeter sur le divan où j'avais si péniblement reposé.

« En repassant dans mon esprit la conversation de la nuit, j'y cherchais un prétexte de consolation... Une longue agitation finit par user la souffrance, et j'en étais arrivé à éviter de penser, pour ne pas retomber dans cette fièvre d'irritation qui rend fou. Je me mis à explorer du regard ce cabinet où rien n'était changé, pas même le bureau encombré de cartes de Russie, de plans, d'écrits inachevés. Peut-être n'y était-on pas entré depuis le départ du maître ? Je m'approchai de cette table, et, poussé par je ne sais quel sentiment, je m'emparai du fauteuil tout lacéré, tout taillade à coups de canif, sur lequel s'asseyait l'Empereur, et je fus le cacher derrière d'autres meubles ; puis je ployai les cartes et je les serrai dans la bibliothèque; il y avait là pour les hôtes actuels de l'Elysée matière à des quolibets, à des rapprochements odieux entre les projets et les résultats... Je fis disparaître les plans et les écrits en les déchirant en mille morceaux que j'enterrai sous les cendres de la cheminée, et après cette expédition je respirai plus librement. Au milieu des plus graves préoccupations, on peut recevoir un soulagement momentané de la chose la plus futile, si elle sauve une blessure à l'amour propre; c'est comme une victoire remportée sur le malheur. Ces détails n'ont vraiment aucun intérêt, et je ne les écrirais certainement pas; l'histoire exige une concision, un laconisme, qui se refusent aux épanchements d'une imagination souffrante; mais dans cette causerie où je ne fais que penser tout haut, il me serait impossible d'en distraire le souvenir de mes émotions.

« Vers onze heures, on frappa à ma porte; j'ouvris. « Mon cher duc, » me dit Constantin, « l'empereur vous dit bonjour; il n'a pu
« vous voir avant de sortir; en l'attendant,
« nous allons déjeuner ensemble. J'ai donné
« l'ordre qu'on me serve dans la chambre

« d'Alexandre, nous nous y renfermerons, et
« je tâcherai de vous faire passer le temps jus-
« qu'à son retour. »

« Il faut avoir vécu à la cour de Russie pour se faire une idée vraie de la simplicité, de la familiarité de bon goût des princes de la famille impériale, dans les relations de la vie privée. A la cour de France, l'étiquette est absolue, guindée ; elle fait sans cesse sentir que le souverain peut s'humaniser avec le serviteur, mais jamais au point de lui tendre cordialement la main. A la cour dont je parle, hors les cas de représentation, les distances entre les princes et les personnes qu'ils honorent de leur amitié ne sont observées que par ces dernières.

« Le grand-duc Constantin a des manières charmantes, pleines de naturel et d'abandon. Si ses connaissances sont superficielles, il cause cependant de tout et surtout agréablement et sans aucune prétention ; il joint à beaucoup de finesse la naïveté d'un enfant. Je me rappelle qu'un jour, au cercle privé de l'impératrice, nous le plaisantions sur sa coquetterie, sur l'élégance de sa taille, sur la recherche de la coupe de ses vêtements et mille autres folies. « Que voulez-vous, » dit-il en riant, « je me

« sauve un peu depuis le cou jusqu'aux pieds,
« et si Nicolas veut me donner sa tête (le
« grand-duc Nicolas est très-bien), je lui cède
« mon droit d'aînesse. — Le feriez-vous, Cons-
« tantin? » demanda avec sa douce voix l'impératrice.

« — J'en passerais le contrat aux pieds de
« Votre Majesté ?

« — Pauvre fou ! » lui dit Alexandre, « on
« n'échange pas une couronne contre un joli
« visage.

« — Si bien moi ! » interrompit-il vivement.
Le *si bien moi* nous divertit toute la soirée.

« Il l'a cédé depuis ce droit d'aînesse, à la seule condition qu'on le laissât être heureux à sa manière !

« Mais nous sommes loin du cercle privé de l'impératrice... Après le déjeuner, nous rentrâmes et nous nous renfermâmes dans le cabinet; tous ces mystères divertissaient beaucoup Constantin. Il voulait, disait-il, partager les rigueurs et les dangers de ma captivité. Il me raconta tout ce qui s'était passé de remarquable à Saint-Pétersbourg depuis mon départ. Je connaissais toute la société russe, et je ne me lassais pas de le questionner. La guerre

avait fait de grands vides parmi ces jeunes
gens si brillants, si heureux, que j'avais connus! Lui, à son tour, voulait tout savoir sur
l'Empereur Napoléon, ses goûts, ses habitudes; il s'informait des moindres détails qui
avaient rapport à sa vie des camps. Il rendait
un éclatant hommage à ce génie extraordinaire, et cela franchement, simplement, en
évitant avec soin une seule allusion qui pût
faire pressentir un blâme indirect. Il me parla
de mes négociations auprès de son frère, qui
ne lui avait fait, me dit-il, qu'une demi-con-
fidence, et quoique le résultat lui en fût, je
crois, fort indifférent, au moins eut-il la parfaite courtoisie de me témoigner un vif intérêt
pour le succès de mes efforts. J'étais malheureux; il fut affectueux et excellent. Voilà de
ces nuances qui caractérisent un homme.

« L'Empereur de Russie ne vint nous retrouver qu'à six heures du soir. « Mon cher
« Caulaincourt, » me dit-il en entrant, « je
« me suis occupé de vos affaires. Pour l'a-
« mour de vous je me suis fait diplomate,
« c'est-à-dire réservé et rusé. J'ai esquivé
« d'entrer dans des discussions approfondies,
« afin de laisser les choses en suspens. J'ai

« donné aux plus pressants de ces réponses
« qui n'engagent à rien; je me suis retranché
« derrière les considérations puissantes qui
« ne nous permettent pas de décider légère-
« ment d'un fait aussi important que celui du
« choix d'un souverain. Je me suis mis en
« mesure de ce côté, et puis j'ai chambré
« Schwartzemberg et j'ai repris la question de
« la régence. La discussion entre nous a été
« des plus vives... Je ne fais pas de diplomatie
« avec vous, mon cher duc, mais je ne puis
« tout vous dire. Seulement hâtez-vous de
« retourner vers l'Empereur Napoléon, ren-
« dez-lui un compte sincère de ce qui se passe ici,
« et dans le plus court délai, vous m'entendez,
« revenez-officiellement porteur de l'abdica-
« tion de Napoléon en faveur de son fils.

« — Sire, » demandai-je vivement, « que
« fera-t-on de l'Empereur?

« — J'espère que vous me connaissez assez
« pour être certain que je ne souffrirai jamais
« qu'il soit insulté par la manière dont son
« sort sera fixé. *L'Empereur Napoléon sera*
« *convenablement traité; je vous en donne ma*
« *parole.* »

« Plus tard, lorsque tout fut perdu, je ne la

réclamai pas en vain cette parole ; c'est à Alexandre seul que Napoléon dut la souveraineté de l'île d'Elbe.

« Sire, je ne chercherai pas à vous expri-
« mer ma reconnaissance, il me serait impos-
« sible de le faire autrement qu'en me jetant
« à vos pieds.

« — Dans mes bras, mon cher ami, » et nous nous embrassâmes comme des frères.
« Si je n'avais pas voulu vous servir, Caulain-
« court, je vous aurais dit non, non, et non.
« Maintenant partez, j'ai mes raisons pour
« vous presser... revenez de Fontainebleau
« promptement. »

« Le grand duc descendit et donna ses ordres pour notre départ, car il fallait qu'il me fît sortir de Paris avec les mêmes précautions qu'il avait prises pour m'y faire entrer. A la nuit tombante nous sortîmes à pied, nous trouvâmes sa voiture aux Champs-Élysées, et une heure et demie après nous nous séparâmes sur la route d'Essonne.

« Prince, » lui dis-je en le quittant, « j'em-
« porte un souvenir que ni le temps ni les
« circonstances ne pourront effacer. Le ser-
« vice que vous m'avez rendu est un de ceux

« qui enchaînent un homme d'honneur à la
« vie et à la mort. En quelques lieux, en quel-
« ques circonstances que ce soit, disposez de
« moi....

« — Oui, mon cher duc, je compterai sur
« vous; comptez, vous aussi, sur vos amis de
« Russie. Bon courage, vous avez l'appui de
« mon frère, ne désespérez pas. Adieu, et re-
« venez-nous vite. »

« Les gens mal instruits qui ont conservé
d'injustes préventions contre l'Empereur de
Russie, me taxeront de partialité envers Alexandre et les siens, mais pour moi qui suis juste
et vrai, c'est un devoir d'honneur que je remplis en leur rendant hautement la justice qui
leur est due. Les lâches seuls renient le bienfaiteur et les bienfaits.

« Dix-huit lieues me séparaient de l'Empereur; je les franchis en cinq heures. A mesure
que j'approchais de Fontainebleau, je sentais
mon courage faillir. Quelles paroles, bon Dieu !
étais-je chargé de lui porter ! Dans la mission
que je venais de remplir, j'avais épuisé tous
les dégoûts de la fierté et de l'amour-propre
blessé; mais dans celle-ci, mon cœur saignait
de la douleur que j'allais causer à celui qui

grandissait dans mes affections à mesure que le malheur venait flétrir tant de gloire et de génie. »

CHAPITRE II.

« Les abords de Fontainebleau étaient encombrés de troupes qui avaient rejoint, et qui bivouaquaient, pleines d'impatience de combattre. Je ne sais comment je fus reconnu, mais je fus entouré et suivi jusqu'à la grille du château, et des cris de « *vive l'Empereur... à Paris,* « *à Paris,* » se firent entendre de toutes parts. Les cris de ces braves gens me faisaient bien mal.

« Je descendis au pied du grand perron où je trouvai le prince de Wagram qui vint à moi avec empressement. « Eh bien ! mon cher, » me dit-il, « où en sommes-nous ? »

« Cette question, le ton dont elle me fut faite, me déplurent. « Où est l'Empereur ? »

répondis-je, inquiet de voir les grands appartements fermés.

« Je le trouvai établi dans ses petits appartements, au premier étage, le long de la galerie de François Ier.

« Lorsque j'entrai dans le cabinet de l'Empereur il était occupé à écrire ; il se leva précipitamment et vint à moi ; dix années semblaient avoir passé sur sa noble et expressive figure. Ses yeux animés d'un feu sombre étaient encadrés d'un cercle noir ; sa bouche légèrement contractée donnait à sa physionomie une expression de souffrance indicible.

« Enfin, que se passe-t-il? avez-vous vu
« l'Empereur de Russie? que vous a-t-il dit? »
Et, remarquant la consternation répandue sans doute sur mes traits, il me tendit la main qu'il serra convulsivement. « Parlez, parlez, Cau-
« laincourt, je m'attends à tout...

« — Sire, j'ai vu l'Empereur Alexandre,
« j'ai passé vingt-quatre heures caché chez lui.

« — Ah bah ! ! eh bien !

« — L'Empereur de Russie n'est pas l'en-
« nemi de Votre Majesté (il fit un geste de doute) non Sire, et c'est en lui seul que la
« cause impériale trouve un appui.

« — Au fait... que veut-il, que veut-on ?

« — Sire, » répondis-je d'une voix à peine intelligible, « Votre Majesté est appelée à de « grands sacrifices pour assurer à son fils la cou- « ronne de France.

« — C'est-à-dire, » répliqua-t-il avec un accent terrible, « qu'on ne veut plus traiter « avec moi; qu'on prétend me chasser du « trône que j'ai conquis à la pointe de mon « épée, qu'on veut faire de moi un ilote, ob- « jet de dérision et de pitié, destiné à servir « d'exemple à ceux qui, par le seul ascen- « dant de leur génie, commandent aux hom- « mes et font trembler les rois légitimes sur « leurs trônes pourris... »

Il se promena quelques instants dans la plus vive agitation; puis, s'arrêtant devant moi en croisant les bras : « Et c'est vous, vous, Cau- « laincourt, qui vous êtes chargé d'une pa- « reille mission auprès de moi, ah!! » Il se rejeta épuisé dans son fauteuil, et se couvrit le visage de ses deux mains !

« Je gardai le silence... Il était si malheureux !

« Il se retourna vers moi. « Vous n'avez donc « pas le courage de continuer ? Voyons, mon-

« sieur, qu'est-ce que votre Alexandre vous
« a encore prié de me demander?

« — Sire, » dis-je tout-à-fait exaspéré et
rebuté, « Votre Majesté est sans pitié ! ce
« coup qui vous accable a déchiré mon cœur
« avant d'atteindre le vôtre. Depuis quarante-
« huit heures, le fer s'est retourné de mille ma-
« nières dans mon sein.

« — J'ai tort, Caulaincourt, j'ai tort, mon
« ami, » interrompit-il avec un accent irrésis-
tible. « Il y a des instants, » ajouta-t-il en portant la main à son front, « où je sens battre
« ma cervelle dans ma tête.... Tant de mal-
« heurs me frappent sans relâche....; Cette
« puissance d'organisation qui m'avait sou-
« tenu au milieu des périls et des combats,
« cède sous les coups redoublés qui m'acca-
« blent... Moi, douter de vous, Caulaincourt !
« mais, de tous ceux qui m'entourent, vous
« êtes le seul, entendez-vous? le seul peut-
« être en qui j'aie foi... Ce n'est qu'au milieu
« de mes pauvres soldats, ce n'est que dans
« leurs yeux attristés que je trouve encore
« écrit : fidélité et dévouement. Heureux,
« je croyais connaître les hommes; dans le

« malheur je commence seulement à les con-
« naître.... » Il resta plongé dans ses réflexions,
les yeux attachés sur le parquet.

« Moi-même, j'étais exténué de corps et
d'esprit; mes regards se portèrent vers une
glace placée devant moi, je me fis peur...

« Sire, » lui dis-je, « je vous demande la
« permission de prendre deux heures de re-
« pos. Je suis excédé de fatigue; j'ai d'im-
« portantes communications à faire à Votre
« Majesté. Il faut qu'elle soit parfaitement
« instruite des difficultés de sa position avant
« de se décider sur le parti qu'elle croira de-
« voir adopter, et je sens que, dans l'état de
« malaise où je suis, il me serait impossible
« de donner à cet entretien tous les dévelop-
« pements qu'il nécessite.

« — Cela est juste; allez vous reposer Cau-
« laincourt. Je pressens le sujet que nous au-
« rons à traiter. J'ai besoin de me familiariser
« avec ces idées. Allez vous reposer, je vous
« ferai appeler à dix heures. »

« Arrivé dans ma chambre, je tombai raide
évanoui. En reprenant ma connaissance, je
trouvai Ivan près de mon lit; il voulait me
saigner; mais je n'avais pas le temps d'être

malade : n'avais-je pas une réponse à porter à Paris. A Paris ! où je sentais que chaque heure emportait avec elle quelque parcelle de l'unique planche tendue au naufragé... Je demandai un bain, et avant dix heures je me présentai chez l'Empereur.

« Il était calme; mais son front soucieux attestait l'anxiété qui le dévorait. « Asseyez-
« vous, Caulaincourt; voyons, que veut-on,
« qu'exige-t-on de moi? »

Je lui rendis un compte fidèle de ma longue conversation avec l'Empereur de Russie. Des cris d'indignation sortirent plus d'une fois de sa bouche, au récit des turpitudes que j'étais forcé de révéler. Et quand j'arrivai à la question, déjà agitée au conseil des souverains alliés, du rétablissement des Bourbons, il s'élança de son fauteuil, et, parcourant à grands pas l'appartement : « Allons donc,
« allons donc, ils sont fous !.. Rétablir les
« Bourbons en France ! mais ils n'en auraient
« pas pour un an... Les Bourbons sont anti-
« pathiques aux neuf-dixièmes de la nation
« française ? Et l'armée, dont les chefs ont
« combattu leurs émigrés ; l'armée, qu'en fe-
« raient-ils ? Mes soldats ne seront jamais les

« leurs.... C'est le comble de la stupidité de
« penser à fondre l'empire dans un gouver-
« nement formé d'éléments aussi hétérogènes
« que le serait indubitablement celui des Bour-
« bons. Oubliera-t-on qu'ils ont vécu vingt
« ans à l'aumône de l'étranger, hors du sein
« de la patrie, en guerre ouverte avec les prin-
« cipes et les intérêts de la France... Les Bour-
« bons en France? mais c'est de la démence,
« c'est vouloir attirer sur le pays toutes les
« calamités..... Est-ce que réellement cette
« idée prend quelque consistance? »

« Je ne lui dissimulai aucune des machinations qui tendaient à ce but.

« — Mais le sénat, mais les grands digni-
« taires, à part l'indignité dont ils se sali-
« raient par rapport à moi, ne peuvent vouloir
« un Bourbon sur le trône. Quelle place leur
« serait assignée dans cette cour dont eux ou
« leurs pères ont tiré Louis XVI pour le
« conduire à l'échafaud! J'étais un homme
« nouveau, moi, pur des excès qui ont terni
« la révolution française; je n'avais rien à ven-
« ger, j'avais tout à réédifier, et je n'ai osé
« m'asseoir sur le trône *vacant* de France que
« le front ceint de lauriers. La nation fran-

« çaise m'a porté sur le pavois parce que j'avais
« exécuté de grandes et belles œuvres avec
« elle et pour elle. Mais les Bourbons, qu'ont-
« ils fait pour la France? quelle part revendi-
« queraient-ils dans ses conquêtes, dans sa
« gloire, dans sa prospérité? Que pourraient-
« ils actuellement pour ses intérêts, pour son
« indépendance, quand, rétablis par les étran-
« gers, ils devraient céder à toutes leurs
« exigences, en un mot ployer le genou de-
« vant leurs maîtres. On peut profiter de la
« stupeur où le fait de l'occupation a jeté la
« capitale, abuser du droit du plus fort en
« proscrivant moi et ma famille; mais faire
« régner paisiblement les Bourbons en France,
« jamais!... Rappelez-vous de ma prophétie,
« Caulaincourt? »

« Que de fois, » dit le duc de Vicence,
« que de fois, depuis douze ans, à mesure que
les évènements se sont déroulés sous mes yeux,
n'ai-je pas repassé dans ma mémoire les élaborations de cette intelligence si prompte à déduire toutes les conséquences des bouleversements politiques.

« —Maintenant, » continua posément l'empereur, « rentrons dans la question. On exige

« mon abdication. A ce prix on défère la ré-
« gence à l'Impératrice et la couronne est ac-
« quise à mon fils. Je ne pense pas que je
« doive déposer le pouvoir, que je doive pren-
« dre un pareil parti avant que tout ne soit dé-
« sespéré. J'ai cinquante mille hommes sous
« ma main. Mes braves, mes admirables
« troupes, me reconnaissent encore, elles,
« pour leur souverain. Pleins d'ardeur et de
« dévouement, mes soldats me demandent à
« grands cris de les conduire à Paris ; le bruit
« de mon canon réveillera les Parisiens, il élec-
« trisera l'amour-propre national insulté par
« la présence de l'étranger paradant sur nos
« places publiques ; le peuple de Paris est
« brave, il me secondera ; et, après la victoire, »
ajouta-t-il en s'animant encore, « je ferai la
« nation juge entre moi et les prétentions des
« alliés sur ma personne, et je ne descendrai
« du trône que si les Français m'en chassent...
« Venez avec moi, Caulaincourt, il est midi,
« je vais passer la revue. »

« Le temps lui manquera, pensai-je, tout
est perdu ! et je le suivis en proie à la plus vive
inquiétude.

« L'Empereur visita la ligne de ses avant-postes; à chaque instant l'armée se grossissait de corps épars qui rejoignaient le quartier général. L'artillerie était dirigée sur Orléans. Les soldats ivres de revoir l'Empereur au milieu d'eux l'accueillaient avec des cris frénétiques : « Paris, Paris. » Les officiers brandissant leur épée entouraient Napoléon en répétant : « Sire, conduisez-nous à Paris. — « Oui, mes enfants, » leur répondait l'Empereur, « nous allons voler au secours de Paris, « demain le mouvement commencera, » et des vivats, des acclamations s'élevèrent jusqu'au ciel.

« Je l'avoue, » nous dit le duc, « mon cœur battait vite et fort; dans ce moment je partageais toutes les espérances de l'Empereur, et si le succès n'était pas infaillible, au moins la chance me paraissait-elle douteuse. Réduit à l'extrémité où se trouvait Napoléon, ce coup de main devait être tenté.

« Eh bien? » me dit-il « en descendant de cheval dans la cour du château.

« — Sire, » lui répondis-je « c'est votre « dernier enjeu, Votre Majesté seule doit dé- « cider...

« — Vous m'approuvez, » dit-il en souriant, « cela est clair, » et le front dégagé, il traverse la foule d'habits brodés qui encombraient encore les salons.

« Là, on discutait diversement sur les événements. Les jeunes généraux, pleins d'ardeur, ne redoutant pas de nouvelles fatigues, accueillaient avec joie le projet d'arracher la capitale à l'ennemi. Mais dans d'autres groupes, composés de gens dont la fortune n'était plus à faire, se manifestait un mécontentement sourdement exprimé. On frémissait à l'idée des malheurs particuliers qui pouvaient résulter d'une bataille dans Paris. La disposition que montraient les troupes à s'élancer tête baissée dans ce grand désordre, jetait l'effroi parmi les raisonneurs. Ce coup de tête, ainsi qu'on l'appelait, sauvait un seul, au cas qu'il réussît, mais aux dépens de tous.

« Je fus instruit de ces propos par quelques-uns de ces hommes généreux chez qui l'honneur parle plus haut que les considérations personnelles ; ceux-là ne mettent jamais en balance leur fortune, leur vie même, avec le devoir et la patrie. J'étais bourrelé d'inquiétudes, il ne me convenait pas d'informer l'Empereur de ces mauvaises dispositions, et cependant le lendemain le mouvement sur Paris devait s'opérer.

« Dans la soirée, la nouvelle de l'abdication circule. Napoléon, qui a encore plus d'une expérience à faire sur la perfidie et la bassesse des hommes, a confié à un vieil ami la communication que je lui ai faite de la part de l'Empereur de Russie. L'abdication convient à bien du monde ; c'est le seul moyen, dit-on, d'en finir avec ces guerres éternelles..... Il est temps enfin de se reposer..... Et si Napoléon se refusait à ce grand parti, quelques-uns parlent déjà de l'y forcer...

« Savez-vous, » poursuivit le duc, « que tout cela est de la plus exacte vérité, et plutôt atténué qu'exagéré ; mon cœur se gonfle d'indignation en rappelant ces déplorables scènes. J'ai bien de la peine à taire les noms de ces illustres ingrats, mais il ne faut pas marquer au front nos anciennes gloires nationales.

« Maintenant les événements vont se succéder avec une dévorante rapidité.

« Dans la nuit, l'Empereur reçoit un exprès du duc de Raguse, campé avec son corps d'armée à Essonne. Il lui envoie le sénatus-consulte daté de la veille. Le sénat a prononcé la déchéance de Napoléon ! L'aide-de-camp qui a apporté cette désastreuse nouvelle n'a pas été discret, car elle est aussitôt connue de tous les personnages marquants qui sont à Fontainebleau, et c'est le sujet de tous les *à parte* pendant la matinée du 4.

« Les ordres avaient été donnés, le 3, de transférer, le 4, le quartier impérial entre Ponthiéry et Essonne. Cependant il est aisé de voir qu'aucun des grands dignitaires ne fait ses dispositions pour suivre le mouvement. L'Empereur préoccupé ne s'aperçoit, ou a l'air de ne s'apercevoir de rien. Il descend comme à l'ordinaire à midi, pour passer la revue, et tous ceux qui sont dans le secret des nouvelles de la nuit attendent avec anxiété, mais Napoléon ne révoque pas ses ordres de la veille. Après la parade, il est reconduit dans ses appartements par les maréchaux et les grands officiers présents, et là commencent d'abord des insinuations respectueuses, puis des représentations, puis d'inconvenantes récriminations, puis enfin la déclaration qu'on ne marchera pas sur Paris.

« Oh ! ce qu'il a souffert est inexprimable !

« Quelques heures après, l'Empereur me fait appeler. Sa figure est affreusement altérée; mais sa physionomie est calme et son maintien assuré. Il prend sur son bureau un papier entièrement écrit de sa main, et me le présente :

« Voici mon abdication, Caulaincourt, por-
« tez-la à Paris. »

Jamais Napoléon ne m'apparut plus grand qu'en ce moment! Ce fatal papier me brûlait la main. Abîmé de douleur, des larmes jaillirent de mes yeux. « Brave, brave ami.... les
« ingrats! » ajouta-t-il avec un accent déchirant, « ils me regretteront un jour... » Il se jeta dans mes bras et me pressa à plusieurs reprises sur son cœur déchiré.

« Partez, Caulaincourt, partez tout de
« suite.

« — Sire, dans cette circonstance si solen-
« nelle, si grave, porteur de l'acte officiel de
« l'abdication de votre majesté, je vous de-
« mande de m'adjoindre deux grands officiers
« de l'empire. »

Il réfléchit : « Raguse et Ney... Marmont est
« le plus ancien de mes compagnons d'armes.

« — Le duc de Raguse n'est pas ici, sire;
« le duc de Tarente représentera dignement
« l'armée.... »

« L'empereur est indécis; mais le duc de
Bassano, toujours dévoué, toujours fidèle à
son poste auprès de son maître, est consulté;
il répond que quelles que soient les opinions
du duc de Tarente, il est homme d'honneur,
et remplira noblement sa mission. Maret l'avait
bien jugé: l'attitude et la conduite de Macdonald furent parfaites.

« Les pouvoirs sont expédiés; une sombre
tristesse se peint sur le visage de Napoléon; après
nous avoir donné ses dernières instructions, il
rentre dans son cabinet: le dernier regard
qu'il me jeta est resté là... Ney, Macdonald et
moi nous montâmes aussitôt en voiture. Raineval et Rumigny nous accompagnèrent en
qualité de secrétaires.

« — Mon Dieu! » dis-je au duc qui se levait
pour prendre congé, « quel triste dénouement à ce hardi projet de marcher sur Paris?

« — Tout n'est pas fini... J'étais réservé à
d'autres douleurs; quelques jours plus tard,
je devais le tenir expirant dans mes bras.....

Vous comprenez maintenant comment ma vie s'est usée avec la sienne. »

Ah ! pensai-je, je comprends aussi comment, à peu d'années de distance, vous mourrez tous deux de la même mort ! ! (1)

(1) Le duc de Vicence est mort, comme l'Empereur, d'un cancer à l'estomac.

CHAPITRE III.

« Nous arrivâmes à Paris dans la soirée du 4, et je parvins à entretenir quelques instants l'empereur Alexandre, en particulier, avant le conseil des souverains alliés. « Ah ! » s'écria-t-il en m'apercevant, « vous revenez bien
« tard...
« — Sire, il n'a pas dépendu de moi.
« — Et c'est un grand malheur !
« — Les dispositions de Votre Majesté sont-
« elles donc changées ?
« — Je vous avais donné ma parole, mon
« cher duc;... mais les événements sont au-
« dessus de ma volonté, et ils marchent si
« vite que ce qui était possible hier ne l'est
« plus aujourd'hui.
« — Mais, Sire, je reviens porteur de l'acte

« d'abdication de l'empereur Napoléon en fa-
« veur du roi de Rome; les maréchaux Ney et
« Macdonald m'accompagnent, comme pléni-
« potentiaires de sa Majesté; toutes les for-
« malités sont remplies, rien ne peut s'oppo-
« ser maintenant à la conclusion du traité.

« — Mon cher duc, lorsque je vous disais de
« vous presser, j'avais mes raisons... je savais
« que la terre oscillait sous vos pieds. Lors-
« que vous partîtes, l'attitude de l'empereur
« Napoléon était encore imposante; elle pou-
« vait même devenir inquiétante pour nous;
« le ralliement successif des troupes autour
« de Fontainebleau, leur dévouement à la per-
« sonne de l'Empereur, son habileté, son au-
« dace, étaient de nature à faire concevoir de
« vives alarmes. Un coup de main hardiment
« tenté sur Paris, une population de sept à
« huit cent mille âmes à contenir, tout cela
« rendait notre position difficile et pouvait re-
« mettre bien des choses en question... Ces
« considérations étaient très-graves et je les ai
« fait valoir. Mais aujourd'hui la position de
« l'empereur Napoléon n'est plus la même.

« — Votre Majesté est mal informée, l'em-
« pereur Napoléon a sous la main, dans un

« rayon de quelques lieues au plus, quatre-vingt
« mille hommes qui demandent à grands cris
« à marcher sur Paris, qui se feront hacher
« jusqu'au dernier, et dont l'exemple électri-
« sera tout ce que la capitale renferme d'hom-
« mes de cœur...

« — Mon cher duc, » interrompit Alexandre, « je suis vraiment malheureux d'avoir
« toujours à vous affliger. Vous êtes dans une
« ignorance complète de ce qui se passe. Le
« sénat a déclaré la déchéance de Napoléon....

« — Je le sais, sire, mais l'armée?

« — L'armée? Les adhésions des chefs de
« corps nous arrivent de toutes parts. On dis-
« simule l'empressement qu'on éprouve d'en
« finir avec un souverain malheureux, sous
« l'apparence d'une soumission obligée aux
« ordres du plus grand corps de l'état, et on
« allie ainsi son intérêt personnel avec la lé-
« galité qu'emporte avec lui un grand fait ac-
« compli. Les hommes sont ainsi faits, mon
« cher duc.

« — Sire, je rougis pour ceux de mes com-
« patriotes qui ravalent à ce point des précé-
« dents honorables. Mais, Sire, ces honteuses
« exceptions ne trouveront pas d'échos dans

« l'armée qui reste dévouée et fidèle à son
« chef.

« — Vous vous abusez encore... Au mo-
« ment où nous parlons, Fontainebleau est à
« découvert, et la personne de Napoléon est à
« notre discrétion.

« — Que dites-vous, Sire? » m'écriai-je,
« encore de nouvelles trahisons?

« — Les gens qui sont pressés de faire triom-
« pher une autre cause que la vôtre, mon cher
« duc, ont le pouvoir en main; ils travaillent
« sans cesse à détacher du parti de Napoléon
« les généraux les plus influents, et, comme
« chacun pense à sa fortune et à sa position,
« on se hâte de l'assurer... Le camp d'Essonne
« est levé. »

« Je reculai d'effroi.

« — Le camp d'Essonne est levé, vous dis-je;
« le duc de Raguse a envoyé son adhésion et
« celle de son corps d'armée; les troupes qui
« le composaient, commandées par le géné-
« ral Souh... sont en pleine marche sur Ver-
« sailles..: que vous dirai-je de plus?

« Malgré tant et de si amères déceptions, »
ajouta le duc, « croiriez-vous que cette nou-
« velle me frappa comme un coup de foudre.

Oh! c'est qu'il s'y rattachait une particularité..... Cet homme, qui désertait ainsi, entraînant ses troupes sur la route de Versailles, livrant l'Empereur à la merci de l'ennemi, ce général Souh... enfin, était venu l'avant-veille, à Fontainebleau, sous des prétextes de pertes, de gêne, que sais-je? arracher à l'Empereur deux mille écus!.....

« Vous comprenez bien cependant que le secret de cette action odieuse ne s'échappa point de mes lèvres; j'étais Français avant tout, et il ne fallait pas livrer à un étranger l'opprobre d'un Français.

« — Sire, » répliquai-je, « en présence
« de tels faits, je ne pressens que trop les dis-
« positions dans lesquelles je vais trouver le
« conseil. Je ne conserve d'espoir que dans
« la magnanimité de votre majesté.

« — Les circonstances m'entraînent; l'ab-
« dication s'est trop fait attendre; en politi-
« que trois jours sont trois siècles.... Tant
« que l'Empereur Napoléon se trouvait appuyé
« par les vœux et l'attitude de l'armée réunie
« à une marche de Paris, de puissantes con-
« sidérations balançaient les arguments des
« adversaires de la cause impériale. Mais, je

« vous le répète, actuellement que l'armée sem-
« ble abandonner son chef, que les maréchaux
« et les géréraux entraînent les soldats placés
« sous leurs ordres ; actuellement, dis-je, la
« question a tout-à-fait changé de face, Fon-
« tainebleau n'est plus une position militaire
« imposante; et dois-je encore ajouter que
« tout ce qu'il y a de personnages marquants
« là-bas a envoyé sa soumission, et entretient
« ici à Paris un émissaire qui traite en son
« nom. Maintenant, jugez vous-même de ce
« que je puis faire? »

« Je portai la main à mon front brûlant, et,
dans la stupeur où me jetaient ces nouvelles,
je ne trouvais pas la force d'exprimer une pensée. J'étais anéanti.

« — Pendant votre absence, » continua
Alexandre, « il s'est élevé des discussions au
« sujet de la régence. Les récriminations
« m'importent peu, lorsqu'une idée est arrêtée
« dans mon esprit et que l'exécution m'en pa-
« raît juste ; mais, mon cher duc, vous avez
« pour antagonistes des gens terriblement
« habiles!.... Il s'est passé des choses très-
« curieuses. Imaginez qu'avant-hier on a joué
« en notre présence une espèce de comédie

« assez déplaisante. Soit que quelque chose
« eût transpiré sur notre entrevue, soit que
« l'Empereur Napoléon eût fait quelques con-
« fidences à Fontainebleau (cela n'était que
trop vrai) « toujours est-il qu'on savait l'af-
« faire de la régence et votre prochaine arri-
« vée, et tout fut en émoi autour de nous.
« Avant-hier donc, MM. de Talleyrand,
« d'Albert, de Jaucourt, les abbés Louis et
« de Montesquiou, reprirent la question de
« la régence et la combattirent de toutes leurs
« forces. On ne se fit pas faute de plaintes et
« d'accusations contre votre Empereur; M.
« de Pradt déclara que Bonaparte ni sa famille
« n'avaient plus de partisans; que toute la
« France était royaliste et redemandait les
« Bourbons. Je fis quelques observations; alors
« le général Dessolles s'adressant à moi person-
« nellement, dit d'un ton pénétré : « Sire,
« vous avez promis, à votre arrivée à Paris,
« de ne pas traiter avec Bonaparte, et, d'a-
« près cette assurance, nous n'avons pas hésité
« à le déclarer déchu et à rappeler les Bour-
« bons. Maintenant, proclamer la régence c'est
« décréter la continuation des hommes et du ré-
« gime impérial; et dans ce cas les membres

« du gouvernement provisoire n'ont plus
« qu'un parti à prendre, celui de demander
« aux puissances alliées un asile dans leurs
« états. » Je vous l'ai dit, mon cher ami, les
« gens qui font les affaires de votre pays sont
« habiles; ils manœuvrent bien, car d'autre
« part les adhésions des corps civils et mili-
« taires nous arrivent en masse; et, devant ces
« manifestations spontanées ou conseillées,
« ma position est d'autant plus fausse, que,
« loin d'être appuyé par mes alliés, je rencon-
« tre de leur part une vive résistance.

« Ce n'est pas, » ajouta Alexandre avec
bonté, « ce n'est pas pour déserter ma parole,
« Caulaincourt, que j'étale à vos yeux tant de
« misères, c'est pour vous faire apprécier les
« difficultés, tranchons le mot, les impossi-
« bilités qui maîtrisent ma bonne volonté.

« — L'Empereur Napoléon trahi, lâche-
« ment abandonné, livré au vainqueur par
« ceux-là mêmes qui devraient lui faire un
« rempart de leur corps et de leur épée ! Cela,
« sire, est horrible ! horrible !! »

« Alexandre fixa sur moi un regard qui exprimait un amer dédain, et, passant son bras
sous le mien qu'il serra avec force : « Ajoutez

« qui lui doivent tout, tout, illustration,
« fortune. Quelle leçon, pour nous autres
« rois!... Du courage Caulaincourt, je serai
« avant vous au conseil, nous verrons...»

« En sortant de chez l'Empereur Alexandre, je rencontrai dans la cour M. de Pradt ; il rôdait sans cesse autour des souverains, et ne bougeait pas du salon des alliés. Je connaissais ses menées, et je ne me souciais nullement de lui parler. Lui, au contraire, vint impudemment à moi, sautillant et, de l'air le plus dégagé du monde : « charmé de vous voir, « monsieur le duc? » Je le regardai sans lui rendre son salut : « Monsieur le duc, » ajouta-t-il en se frottant les mains (vous savez que que c'est son habitude), « vos affaires ne vont « pas bien... ah! elles vont mal... très-mal.. » Je ne fus pas maître de moi : « Vous êtes un « infâme! » lui dis-je, en le saisissant au collet, et le secouant rudement... Mais, que faire de cet abbé à cheveux gris? Je compris le ridicule qu'il y aurait à exercer ma fureur sur cet homme, et je me bornai à le repousser en lui faisant faire une pirouette. » Et le duc indiqua par un certain mouvement, qui excita en nous une vive hilarité, la manière dont il se débarrassa de ce vilain homme. « Eh ! sans doute, » reprit-il en haussant les épaules, « c'était là « tout ce qu'il valait.

« — Ce pauvre abbé de Pradt, » dis-je, « n'a pas *révélé* cet épisode dans ses fameuses *révélations* sur avril 1814, et cependant il faut lui rendre la justice d'avouer qu'il a mis une grande candeur de cynisme dans le compte rendu de ses faits et gestes; mais cette réticence s'explique, il ne vous a pas vu... » Les rires recommencèrent.

« — Peut être.... mais cependant il ne me l'a pas pardonné, et quand tout fut perdu, il m'a poursuivi de son venin et de ses méchancetés. Au reste, il y avait alors gloire et profit à persécuter l'*avocat des Bonapartes*. C'était un titre à obtenir des faveurs. Et, à propos de cela, n'est-ce pas un des plus révoltants scandales donnés par la restauration, que la dignité de grand chancelier de la légion d'honneur conférée à l'*abbé* de Pradt? l'abbé de Pradt parjure à tous ses serments? devenu l'ennemi le plus acharné de son bienfaiteur? l'abbé de Pradt enfin, grand chancelier de la légion d'honneur!! de cet ordre institué pour la fidélité et le courage.... Mais laissons là ces pauvretés. Il est vraiment impossible de remuer cette époque sans exhumer quelque flétrissure pour le pouvoir.

« Encore tout agité de cette sotte rencontre, » poursuivit le duc, « je fus rejoindre Macdonald et Ney; je ne leur dis pas ce que je venais d'apprendre de l'empereur de Russie; notre mission était déjà assez épineuse et il ne fallait pas jeter la mort dans l'âme de deux hommes chargés avec moi de défendre les intérêts de Napoléon.

« Nous nous rendîmes au conseil. Je voudrais bien vous faire pénétrer avec moi dans ce salon des alliés; vous donner une idée exacte du spectacle que présentait cette réunion de nos ennemis et de quelques mauvais Français, ayant arboré la cocarde de l'étranger, l'aidant, le poussant, avec une diabolique impudeur, à asservir, à spolier la France. Mais il est malaisé de décrire ce qui échappe d'ailleurs à toute description : le jeu muet des physionomies, l'attitude, les gestes des différents acteurs, et cependant tout le drame, tout l'esprit de cette grande scène est là.

« Lorsque nous entrâmes, l'empereur de Russie, l'air soucieux, causait avec le roi de

Prusse dans l'embrasure d'une croisée. A la gauche de Guillaume, un peu en arrière, se tenait le général Beurnonville. La discussion paraissait animée et le roi de Prusse, dans la réplique, semblait toujours interpeller son *acolyte*, qui, par un salut obséquieux, approuvait les assertions opposées sans doute à celles d'Alexandre. J'ai su depuis que ce général, en portant au roi de Prusse l'importante nouvelle de la défection de Marmont et de son corps d'armée, l'avait décidé à rejeter avec fermeté la régence qui allait être proposée au conseil, par les plénipotentiaires de Napoléon. Les rôles étaient distribués de manière à ce que chaque souverain ou chaque représentant des puissances fût circonvenu, obsédé, harcelé par l'un de ces hommes dont les noms ont acquis une si triste célébrité.

« Plus loin, étaient groupés Schwartzemberg, Nesselrode, Litchtenstein et Pozzo di Borgo. Ce dernier se faisait remarquer par la vivacité de ses gestes; il discutait avec chaleur, et ce ne pouvait être que pour appuyer des mesures de rigueur contre Napoléon... Autour de ce groupe bourdonnaient et s'agitaient les meneurs du parti royaliste; à l'air heureux répandu sur leur visage, à l'arrogance de leur regard, à l'aisance de leurs manières, il était aisé de juger qu'assurés du succès de leurs intrigues, ils ne redoutaient pas l'issue de la conférence qui allait s'ouvrir.

« Notre arrivée fit cesser les conversations particulières. L'empereur de Russie et le roi de Prusse se rapprochèrent d'une grande table recouverte d'un tapis vert, qui occupait le milieu du salon; ils s'assirent et chacun se plaça.

« Je remis à l'empereur Alexandre, au nom de l'Empereur Napoléon mon maître, l'acte d'abdication en faveur de son fils le roi de Rome et de l'Impératrice Marie-Louise régente.

« Le roi Guillaume prit froidement l'initiative, et répondit, en termes mesurés, que des évènements subséquents ne permettaient plus aux puissances de traiter avec l'Empereur Napoléon. Les vœux de la France pour le retour de ses anciens souverains se manifestaient dit-il, de toutes parts; le premier corps de l'état, le sénat, appuyé de l'assentiment de ses concitoyens, ayant déclaré Napoléon déchu du trône, il n'appartenait pas aux souverains alliés de s'immiscer dans les affaires du gouvernement français, et, contrairement à la déclaration du sénat, de reconnaître à l'Empereur Napoléon déchu du trône le droit de disposer de la couronne de France.

« Le maréchal Macdonald exposa avec force les hautes considérations politiques qui devaient décider les puissances alliées à accepter l'acte d'abdication en faveur de l'Impératrice et de son fils. « L'Empereur, » dit-il, « tient
« la couronne de la nation française, il la rési-
« gne dans le but d'arriver à une pacification
« générale ; les puissances ayant déclaré qu'il
« était le seul obstacle à la paix, il n'hésite pas
« à se sacrifier lorsqu'il s'agit des intérêts de
« son pays. Mais si on lui conteste le droit
« d'abdiquer en faveur de son fils, de grands
« malheurs peuvent résulter de ce refus....
« L'armée toute dévouée à son chef, est enco-
« re debout, et prête à verser jusqu'à la der-
« nière goutte de son sang pour soutenir les
« droits de son souverain. »

« Un sourire imperceptiblement dédaigneux accueillit cette déclaration, des chuchottements se firent entendre dans une certaine par-

tie du salon; au même instant on annonça :
« M. le maréchal duc de Raguse. » Il entra
la tête haute, le sourire sur les lèvres ; des poignées de mains, des félicitations sont échangées entre lui et quelques personnages qui se portent à sa rencontre.

« L'effet que produisit cette apparition est intraduisible... Il y a dans la présence d'une mauvaise action quelque chose qui contriste, qui froisse les âmes hautes. Il se manifesta comme un sentiment de stupeur dans la majorité de l'assemblée. On eût dit qu'en présence de cette trahison incarnée, on n'avait pas la force d'ajouter l'insulte aux malheurs qui poursuivaient le héros vaincu.

« Mais l'intérêt personnel devait l'emporter sur les émotions généreuses, et c'était tout simple. L'occasion était si belle pour les alliés ! On donnait, on prostituait, on offrait la France à merci ! Nos ennemis eux-mêmes n'avaient jamais rêvé un succès si facile. L'Empereur Alexandre me dit un jour : « Je crois, en vé-
« rité, que si nous eussions voulu établir *Ku-*
« *tusof* sur le trône de France, on eût crié
« autour de nous : *Vive Kutusof !* »

— Savez-vous, » dis-je au duc de Vicence, « qu'il y avait bien du mépris pour nous au fond de cette pensée de Tartare.

— Ah! c'est qu'il n'est pas un Tartare, serf ou prince, qui se fût souillé des lâchetés qui déshonorent cette époque de notre histoire. Rappelez-vous le noble paysan Pétrowisk l'aveugle! voyez Moscou et ses magnifiques palais jetés en holocauste à la patrie! et dans ces sauvages élans d'un sublime patriotisme, vous établirez une triste comparaison entre nous et ces Tartares!

« Je m'éloigne sans cesse de mon sujet, » reprit le duc; « c'est que quand je cause de ces choses, je sens se raviver malgré moi des émotions sur lesquelles les années ont passé sans en affaiblir l'amertume.

« L'arrivée de Marmont avait tellement simplifié la discussion qu'elle ne fut pas reprise. Les considérations que nous avions essayé de faire prévaloir n'avaient plus de valeur, et les explications de part et d'autre devenaient oiseuses. En effet, la défection du camp d'Essonne, cette avant-garde de la petite armée de Fontainebleau, livrait pieds et poings liés l'Empereur à ses ennemis. Déjà un corps d'armée russe, par un mouvement combiné avec la retraite des troupes françaises, s'échelonnait de Paris à Essonne et couvrait, en s'étendant, toute cette rive de la Seine.

« Dans cet état de choses, nous dit-on, il ne peut plus être question de l'abdication *conditionnelle*. Napoléon est déchu du trône par le vœu de la nation et de l'armée, les puissances ne peuvent s'immiscer en rien dans les affaires intérieures de la France ; l'abdication pure et simple doit être envoyée à Paris dans le plus bref délai. Telle est la substance de la déclation que nous dûmes subir.

« Il arrivait à chaque instant des dépêches qu'on se passait de mains en mains avec une joie atroce ; c'étaient des adhésions... Ainsi, à toutes les humiliations de la défaite venait se joindre l'inexprimable dégoût que faisait naître en nous la présence de ces quelques Français, assistant en vainqueurs aux désastres de leur pays.

« Nous nous retirâmes consternés. Il ne s'agissait plus pour nous de disputer un trône, mais de veiller tout de suite à la sûreté personnelle de l'Empereur. Cette idée dominait en moi toutes les autres ; elle me poursuivait sans relâche, car le seul moyen de préserver ses jours, était de le mettre par un traité sous la sauve garde des puissances... Qu'il y avait de douleur au fond de cette pensée!

« Cependant il fallait d'autres pouvoirs ; il fallait obtenir l'abdication pure et simple. Au prix de ce dernier sacrifice de Napoléon, force serait d'assurer son avenir et celui de sa famille. Le temps pressait : « Mais, » dis-je, « lequel d'entre nous se chargera de lui por« ter ce nouveau coup? — Vous, » répondit Ney d'un ton chagrin; « vous êtes son ami « de cœur, et vous saurez mieux que per« sonne adoucir ce que cette nouvelle a d'af« freux pour lui... Moi, je n'ai de courage que « devant l'ennemi, jamais je ne pourrais aller « lui dire froidement... » Pauvre Ney!!.. son admirable carrière militaire, sa lamentable fin doivent couvrir les erreurs de l'homme privé. Macdonald, pénétré de douleur, gardait un morne silence; puis, me prenant la main qu'il serra avec affection : « C'est une triste, « bien triste mission; mais vous *seul* pouvez la « remplir auprès de l'Empereur dont vous pos« sédez l'entière confiance... » Macdonald appréciait les difficultés de la terrible tâche qui m'était dévolue; il comprenait que l'Empereur, exaspéré par cette dernière exigence, allait reprendre le projet de continuer la guerre. Je partis...

« La distance de Paris à Fontainebleau me sembla si courte que, lorsque ma voiture entra dans la cour du château, j'en fus saisi comme d'une chose inattendue. Je restais cloué à ma place en proie à un véritable désespoir. Etais-je donc destiné à ne plus approcher de sa personne que pour la torturer? Je me révoltais à la fin contre le malheur de ma position qui m'obligeait à faire l'office de bourreau près de celui dont j'eusse voulu racheter les souffrances avec mon sang. Depuis huit jours j'avais cent fois défié le sort de me rendre plus misérable, et l'impitoyable sort semblait à chaque heure me renvoyer mon défi... Je m'élançai de ma voiture et j'arrivai presque en courant au cabinet de l'Empereur. Je ne sais comment il se faisait qu'il n'y eût là personne pour m'annoncer. J'entr'ouvris la porte : « Sire, c'est Caulaincourt, » dis-je, et j'entrai. « Déjà !! » et son regard si pénétrant, si rapide, semblait vouloir arracher la pensée de mes lèvres.

« Il était assis dans l'embrasure d'une croisée donnant sur les jardins. Son teint livide, le désordre de sa toilette me firent craindre qu'il n'eût veillé toute la nuit, et je ne trouvais réellement pas le courage d'aborder le triste sujet qui me ramenait auprès de lui.

« La défection d'Essonne, » dit-il avec effort, « a servi de motif à de nouvelles prétentions, « n'est-ce pas?... Ce sont d'autres conditions, « à présent que je suis abandonné, trahi ou-« vertement? Voyons, qu'exige-t-on encore? »

Je lui exposai avec ménagement les changements qu'avait subis sa position militaire et politique, par la défection de ses troupes. Je lui dis ma conversation avec Alexandre et tout ce qui s'était passé au conseil, moins l'arrivée de Marmont dans le salon des alliés, de ce Marmont *son plus ancien compagnon d'armes*, comme il l'appelait, et dont le nom était sorti spontanément de son cœur, lorsque, la veille, il s'était agi de désigner les plénipotentiaires auxquels il remettait le soin de défendre ses intérêts... Par respect pour tant de confiance trahie je n'aurais pu en vérité parler de cet homme; lui-même, Napoléon, avait dédaigné de prononcer ce nom accolé désormais à une détestable action.

« J'avais cessé de parler, et l'Empereur, comme frappé de stupeur, restait plongé dans ses réflexions. « Il faut rompre des négocia-
« tions qui deviennent aussi humiliantes, »
dit-il enfin d'une voix altérée; « la guerre et
« ses hasards n'offrent rien de pire que de tel-
« les conditions.... je ne les accepterai pas. »

« Mais il n'était pas dans l'organisation ardente et fougueuse de Napoléon de raisonner à froid, lorsque sans témoins il pouvait s'épancher de cœur à cœur. La première impression le trouvait presque toujours maître de lui-même; puis la lave qui coulait dans ses veines volcanisait son imagination et en faisait jaillir du feu et des flammes. Alors ses yeux lançaient des éclairs, sa voix avait des intonations saisissantes, l'expression de sa physionomie devenait hautaine et terrible, et toute la force, toute l'énergie, toute la puissance de l'intelligence humaine semblaient s'être réfugiées dans cette nature aux gigantesques proportions.

« Tout à coup, repoussant avec violence le pliant sur lequel reposait une de ses jambes, il se leva, et, se précipitant vers son bureau où étaient étalées des cartes criblées d'épingles:

« Croient-ils donc, » s'écria-t-il d'une voix tonnante, « croient-ils, ces arrogants vain-
« queurs, qu'ils soient maîtres de la France
« parce que la trahison leur a ouvert les por-
« tes de Paris ? Si une poignée de vils conjurés
« a machiné ma perte, la nation n'a pas ra-
« tifié cette infamie... J'appellerai le peuple à
« moi. Les imprudents ! ils ne comprennent
« pas qu'un homme comme moi ne cesse d'ê-
« tre redoutable que lorsqu'il est couché dans
« la tombe ? Demain, dans une heure, je puis
« secouer les entraves dont on m'embarrasse
« et me relever, aussi fort et plus terrible que
« jamais, à la tête de cent trente mille com-
« battants ?

« Suivez mon calcul, Caulaincourt, j'ai,
« ici autour de moi, vingt-cinq mille hom-
« mes de ma garde ; ces géants, l'épouvante
« des légions ennemies, seront le noyau au-
« quel je rallierai l'armée de Lyon forte de
« trente mille hommes, les dix-huit mille de
« Grenier qui arrivent d'Italie, les quinze
« mille de Suchet et les quarante mille épar-
« pillés sous les ordres de Soult ; voilà une ar-
« mée de cent trente mille hommes. Je suis
« maître de toutes mes places fortes de France

« et d'Italie ; je ne sache pas encore qu'elles
« ne renferment que des félons et des traîtres..
« Je suis encore debout, » dit-il en relevant
fièrement la tête, « appuyé sur cette même
« épée qui m'a ouvert toutes les capitales de
« l'Europe ; je suis encore le chef des plus
« vaillantes troupes du monde entier, de
« ces bataillons français qu'on n'a vaincus
« nulle part.... J'appellerai à la défense du
« pays, de ses principes, de sa liberté, tous
« les hommes de cœur ; je ferai inscrire au-
« dessus de mes aigles, *Indépendance et pa-*
« *trie*, et mes aigles redeviendront terribles !..
« Si les chefs de l'armée qui doivent leur illus-
« tration à mes conquêtes, à mes admirables
« soldats, si ces chefs amollis veulent se repo-
« ser, qu'ils s'en aillent...., je trouverai sous
« les épaulettes de laine, des généraux et des
« maréchaux... Ils ont oublié, ces habits cha-
« marrés de broderies, leur simple capote de
« gros drap, et c'était là leur plus beau titre
« de gloire ! »

Pendant cette véhémente sortie, l'Empereur
parcourait à grands pas son cabinet. Il s'arrêta tout court et vint à moi. « Asseyez-vous,

« Caulaincourt, écrivez à Ney et à Macdonald
« de revenir sur le champ. Tout est rompu.

« — Sire, je supplie votre majesté de pren-
« dre le temps de réfléchir avant d'adopter une
« mesure extrême....

« —Tout est réfléchi, » répliqua-t-il sèchement ; « je n'ai pas le choix des moyens.

« — Votre majesté cède à une irritation
« bien légitime; mais, sire, les circonstances
« ont acquis une gravité qui ne permet pas
« de prendre un parti avant d'avoir envisagé
« sous toutes les faces les événements qui en
« peuvent résulter.

« — Je renonce à toute négociation. Ils ont
« repoussé le sacrifice personnel que je m'im-
« posais pour acheter la paix et le repos de la
« France; ils ont insolemment refusé mon ab-
« dication, et moi je la retire.... Je vais al-
« ler combattre ; ma place est marquée, des-
« sus ou dessous le terrain d'un champ de ba-
« taille.... Que le sang français qui va encore
« couler, retombe, en les couvrant de boue,
« sur les misérables qui ont voulu la ruine du
« pays!! »

« Il était inutile dans ce moment de chercher

à rentrer dans une discussion calme et modérée. Je connaissais l'Empereur ; il se raidissait contre une opposition soutenue ; il fallait céder devant une si grande infortune, et essayer de reprendre plus tard ces douloureuses questions. Je lui demandai la permission de me retirer. « Nous sommes bien malheu-
« reux, Caulaincourt... car moi, c'est vous...
« Je le sais, je le sais, mon ami... Allez, vous
« reviendrez. »

CHAPITRE IV.

« En entrant chez moi, brisé, anéanti, je me jetai sur mon lit. Tout ce que l'Empereur venait de me dire était entré profondément dans mon cœur. Il fallait pleurer des larmes de sang sur l'impuissance à laquelle se trouvaient réduits tant de moyens et d'énergie; mais il y a au fond des entrailles quelque chose qui crie et se révolte à l'idée des déchirements de la patrie, et j'étais épouvanté des dispositions de l'Empereur. Ah! sans doute, il pouvait prolonger encore longtemps la guerre, et le plus généreux sang de la France s'épuiserait dans des combats, dans des victoires inutiles. Six cent mille étrangers couvraient le sol; leurs réserves massées sur nos frontières n'attendaient qu'un signal pour fondre sur nos provinces; la rébellion siégeait au cœur de la France, dans sa capitale, où cent mille baïonnettes protégeaient la défection et appuyaient l'illégalité d'un gouvernement de fait.

« Dominé que j'étais par ces considérations si grosses de malheurs et de désastres, je ne pouvais approuver les projets de l'Empereur. Mon devoir m'imposait la rude tâche de les combattre, de lui tracer le sombre tableau des calamités qu'allait attirer sur notre pays l'exécution de ses projets désespérés, et je sentais que le temps me manquait. L'actualité dévorait les heures, les minutes. A présent que je suis de sang-froid, je ne comprends pas, je ne conçois pas comment j'ai résisté, vingt jours durant, aux fatigues de corps, aux tourments d'esprit qui m'ont assailli. Ma position auprès de Napoléon était tout exceptionnelle. Nul n'a partagé et ne pouvait partager ses douleurs au même degré que moi, et quand il disait : *Moi, c'est vous ;* en trois mots, il résumait, avec son étonnante lucidité, toutes les vicissitudes qui avaient amené cette communauté de fortune.

« Rien ne peut peindre la confusion qui régnait partout et dans tout, pendant cet épisode de l'abdication. Je vous dirai, en son temps, un trait bien curieux qui a rapport au brave général Leval; mais revenons à ce triste château de Fontainebleau, témoin de tant de souffrances, foyer de si mauvaises passions.

« L'Empereur qui possédait véritablement une grande noblesse de sentiments, ne comprenait pas la bassesse et la perfidie; ainsi, il n'entrait pas dans sa pensée qu'il ne fût entouré que de gens qui attendaient avec impatience d'être à peu près dégagés vis-à-vis de lui, pour courir à Paris porter les assurances de leur dévouement au nouveau gouvernement; et Napoléon confiait à un ou deux de ses vieux familiers qu'il devait croire dévoués, les nouvelles qu'il recevait, le mauvais succès de nos négociations, et, par suite, ses projets... Il s'épanchait sans défiance, mais en sortant du cabinet de l'Empereur, ces confidents allaient jeter l'alarme et fomenter l'irritation des impatients.

« La rupture des négociations produisit une explosion générale de cris, de reproches, de fureurs, dans les galeries dorées du palais. Si le cabinet et le salon de service sont déserts, chacun a chez soi, sa coterie et ses adhérents en quête continuelle des nouvelles de Paris; et tout ce monde est d'accord pour rejeter toute détermination de Napoléon qui tendrait à prolonger la guerre. Depuis qu'il est malheureux, on ne le croit plus capable que de faire des fautes...

« Ah! ce n'était pas à son entourage de roi qu'il fallait que Napoléon confiât ses projets ; il fallait qu'entrant l'épée à la main dans le salon où les officiers étaient groupés, mornes et silencieux, il leur criât : « A nous, mes « amis, l'honneur de venger la France ! » Suivi de cette jeunesse déjà vieille de combats et de gloire, quelques pas de plus et, au bas de l'escalier, il trouvait ses soldats ; alors porté dans leurs bras, salué de leurs acclamations, il s'élançait avec ses cohortes, du château de Fontainebleau sur le champ de bataille ; il entraînait sur son passage tout ce qu'une nation produit de jeunes hommes, aux nobles élans, aux purs courages, toujours prêts à se rallier sous la bannière nationale !

« Le général Bonaparte eut agit ainsi. L'Empereur Napoléon a subi l'influence des habitudes du trône... Il cherche des appuis dans les grands feudataires de sa couronne, et ces hommes énervés repoussent les charges de l'adversité. L'édifice croûle! qu'importe? si la commotion laisse debout leurs hôtels et leurs châteaux!

« A mon premier retour de Paris, on murmurait déjà, mais sourdement ; il y a progrès maintenant; le temps des ménagements est passé ; on peut sans danger avoir *le courage de son opinion,* et on l'exprime hautement. On en a assez de l'empire... « Si Napoléon est malheureux, à qui la faute? Est-ce une raison pour sacrifier soi, sa position, les intérêts de sa famille, à d'extravagants projets? La révolution nouvelle est une grande transaction entre tous les intérêts français, et si un seul est sacrifié, ce n'est qu'un malheur particulier à déplorer. » D'autres rappellent avec emphase que les Bourbons sont de vieux Français... qu'ils ont régné sur nos pères... Ces particularités qu'on avait oubliées depuis si longtemps, reviennent tout-à-coup à la mémoire !

« D'heure en heure de nouveaux vides se font remarquer. C'est à qui imaginera un prétexte pour se rendre à Paris. On quitte son poste sans permission, oublieux qu'on est des besoins du service; dédaigneux de plaire ou de déplaire à celui de qui l'on n'attend plus rien. On ne demanderait pas mieux que de faire ce qui serait convenable vis-à-vis de lui, mais pourquoi tarde-t-il si longtemps à abdiquer?.... Qu'il en finisse..... Qu'enfin chacun soit maître de ses actions.... Ses indécisions, ses lenteurs, ses idées guerroyantes, compromettent la position de tout le monde.... Le nouveau gouvernement accueille avec empressement tout ce qui arrive de l'armée. Que restera-t-il aux derniers venus? Cet état de choses est intolérable, et le refrain : *Il faut que cela finisse!* est dans toutes les bouches.

« Ces platitudes se profèrent à visage découvert; on peut lever le masque : la régence est repoussée, le fils de Napoléon est expulsé du trône. C'est une véritable niaiserie, dit-on, de rester dans les antichambres de Fontainebleau quand les grâces pleuvent à Paris... Et l'on part pour Paris.

— Mon Dieu, » m'écriai-je, « quelle hideuse peinture des lâchetés du monde! A votre place, monsieur le duc, je crois que je me serais enfui des salons de Fontainebleau, et que, évitant l'approche de toute créature humaine, je ne me serais arrêtée qu'au fond des bois.

— Mais, » reprit le duc d'un ton plein de tristesse, « ce tableau qui fait rouler de grosses larmes d'indignation dans vos yeux, est à peine esquissé. Interrogez les gens de cœur qui se trouvaient alors au quartier général, et ils vous raconteront des choses inouïes.

« Vous comprenez bien que le temps que je ne passais pas avec l'Empereur, je le passais chez moi, et je vous jure, » ajouta-t-il en s'animant, « que les mauvais propos ne dépassaient pas le seuil de ma porte; j'aurais fait sauter par la fenêtre le premier drôle qui se fût permis d'en tenir en ma présence. On le savait bien, aussi étais-je enveloppé dans les anathèmes, dans les colères. On prétendait que si, par une *fausse pitié*, je n'eusse pas adouci auprès de l'Empereur, les dispositions où l'on était à Paris par rapport à lui; que si, en quelques mots, je lui eusse dit *son fait*, en le menaçant de ne plus me mêler de ses affaires, il se serait bien vite dépêché de signer l'abdication. J'étais ainsi, prétendait-on, la cause indirecte des lenteurs qu'apportait Napoléon à abdiquer; on m'en savait fort mauvais gré, et, comme j'étais très-compromis dans la cause du vaincu; que je la plaidais envers et contre tous, j'étais devenu un homme qu'on évitait, les uns par crainte de se compromettre dans l'avenir, les autres parce qu'ils sentaient qu'ils avaient à rougir devant moi. Quand on avait le malheur de me rencontrer face à face, les plus généreux grimaçaient l'intérêt et la sollicitude pour ma santé... « Elle paraissait bien altérée par les fatigues de ces voyages continuels... » Quelques esprits forts poussaient même la grandeur d'âme jusqu'à me tendre la main. Vous me connaissez, » ajouta-t-il en se redressant, « vous pouvez vous figurer de quel air j'accueillais ces marques de bonté. »

Nous nous mîmes à rire ! Effectivement, il faut avoir connu l'air de dignité et de fierté polie du duc de Vicence, pour imaginer avec quelle gracieuse impertinence il avait dû remettre ces pauvres sots à leur place. Je l'ai dit, le duc de Vicence, grand, portant la tête haute, possédait une élégance de tournure, une distinction de manières qui imposaient à ses supérieurs et le classaient à part parmi ses égaux. Je ne sache personne, pas même l'Empereur, à qui il fût tombé à l'esprit de lui manquer de respect.

« Cependant, » continua-t-il, « il n'était que trop vrai que le refus que faisait l'Empereur d'abdiquer rendait sa position personnelle fort critique. A part moi, j'en éprouvais une mortelle inquiétude. Le gouvernement provisoire qui voulait la ruine complète de Napoléon, et les alliés qui craignaient quelque entreprise désespérée de sa part, s'étaient assurés des intelligences, pour être instruits de ce qui se passait jusque dans le cabinet de l'Empereur. Ils redoutaient une de ces audacieuses déterminations qui, plus d'une fois, ont étonné l'Europe.

Le temps qui s'était écoulé depuis mon départ de Paris avait été utilement employé. J'avais chargé en arrivant un officier de confiance d'aller à la découverte; il revint dans la soirée et m'annonça que les troupes étrangères occupaient toutes les avenues de Fontainebleau; que l'armée russe se développait sur la rive droite de la Seine depuis Melun jusqu'à Montereau, et qu'une autre avait pris position entre Essonne (abandonné des nôtres) et Paris. D'autres corps barraient les routes de Chartres et d'Orléans. D'autres encore qui nous avaient poursuivis presque d'étape en étape sur les routes de la Champagne et de la Bourgogne, s'étaient établis militairement dans tout le pays entre l'Yonne et la Loire. Enfin un vaste réseau cernait Fontainebleau, et, au premier signal, cent cinquante mille hommes pouvaient fondre sur la petite armée qui gardait encore Napoléon.

« Ces informations étaient exactes; elles avaient été prises par un officier intelligent, et sur le dévouement duquel je pouvais compter. Je courus chez l'Empereur. Il réfléchit quelques instants. « Aucune des heures qui s'é-
« coulent ne sont perdues pour ces gens-là, »
dit-il avec humeur, « mais une route fermée
« pour des courriers s'ouvre bientôt devant
« cinquante mille hommes..... Ah parbleu !
« voilà de quoi donner gain de cause aux
« conseillers de la paix *à tous prix*... Si cette
« nouvelle est connue, nous en verrons bien
« d'autres?

« — Cette nouvelle, Sire, est encore entre
« Votre Majesté et deux hommes d'honneur

« qui en garderont le secret. Mais d'ailleurs
« sa publicité n'ajouterait rien aux dangers
« réels qui environnent Votre Majesté. Je
« vous en conjure, Sire, prenez un parti.

« — Des dangers? je ne les redoute pas.....
« une vie inutile est un lourd fardeau !...... je
« ne la supporterais pas longtemps, » ajouta-t-
il brièvement, « mais avant de prendre un
« parti, un terrible parti, Caulaincourt !......
« je veux entretenir les maréchaux, je veux
« savoir si ma cause, si celle de ma famille
« n'est plus celle de la France, et alors... alors
« je me déciderai. »

« A ce moment, le prince de Neufchâtel et quelques maréchaux entrent chez l'Empereur. Leur contenance est embarrassée. Des lieux communs ouvrent la conversation. Berthier, en rongeant ses ongles, marmotte quelques phrases; il a envoyé, dit-il, des officiers d'ordonnance sur plusieurs points... tous les rapports sont unanimes : les ennemis s'avancent et prennent position autour de Fontainebleau... « Je le sais, » interrompt l'Empereur d'un ton sec.

» Mais on n'était pas venu pour se borner à lui annoncer cette mauvaise nouvelle. Bientôt chacun exprime son opinion, et si l'on n'ose encore donner un avis décisif, on discute sur les dangers qui menacent Fontainebleau. Pendant ces colloques, l'attitude de l'Empereur est admirable de dignité. Il prend la parole et reproduit sans emportement les deux conditions imposées par les alliés. Le sacrifice personnel qu'on a exigé de lui, il s'y est résigné; mais consentir à déposséder sa femme et son fils de la couronne que lui, Napoléon, a conquise par ses propres œuvres, voilà à quoi il se refuse.

« Un morne silence accueille cette communication.

« L'Empereur, toujours calme, dénombre les forces qui lui restent et dont il peut faire usage, non pas pour éterniser la guerre, mais pour venger l'honneur de la France, lui rendre son indépendance et arriver à traiter de la paix à des conditions moins humiliantes. S'il faut enfin renoncer à défendre le pays, l'Italie offre encore à l'armée et à son chef une retraite digne de leurs malheurs et de leurs glorieux souvenirs.

« Retiré à l'écart, je n'avais pris aucune part à l'entretien général; j'écoutais l'Empereur, si noble, si digne, s'adressant au cœur, à l'honneur de ses anciens lieutenants. Mais ces cœurs restent froids, et l'honneur ne consiste plus que dans le repos. Au discours de l'Empereur on oppose les intérêts communs... une guerre civile sans *utilité*... les besoins du pays épuisé par l'invasion... on ne trouve pas un mot de sympathie pour l'affreux malheur qui frappe le bienfaiteur, le souverain qui pendant vingt ans a été la gloire et la fortune de la France.

« Malheur, malheur à ces ingrats!! (1)

« Révolté et prêt à éclater, je me dirigeai rapidement vers la porte. Le bruit que je fis attira l'attention de l'Empereur. Nos regards se rencontrèrent... nous nous étions compris... et comme j'ouvrais la porte : « Restez, Cau-
« laincourt. » Il s'approche de son bureau, s'assied, et relevant fièrement la tête : « Je
« veux être seul, » dit-il. Et quand le dernier eut dépassé le seuil : « Ces gens-là n'ont ni
« cœur, ni entrailles... Je suis moins vaincu
« par la fortune que par l'égoïsme et l'ingra-
« titude de mes frères d'armes... C'est hi-

---

(1) Berthier, Murat, Ney, Masséna, Augereau, Lefebvre, Brune, Serrurier, Kellermann, Pérignon, Clarke, Beurnonville, et bien d'autres ont disparu dans l'espace de sept années : ils ont devancé Napoléon dans la tombe.

« deux !! Maintenant tout est consommé.....
« partez, mon ami. »

« Jamais je n'oublierai ces scènes de Fontainebleau, » ajouta le duc d'un ton navré.

— « Il n'y a rien dans l'histoire, » dis-je, « de comparable aux dernières convulsions de l'Empire français, aux tortures de son chef, à cette agonie de tant d'heures, de tant de jours!

« Elle s'est prolongée six années!... et l'affreux rocher de Sainte-Hélène a reçu les derniers soupirs du plus grand homme des temps anciens et modernes.

« — Et à notre éternelle honte, » ajouta le colonel de R...; « l'affreux rocher de Sainte-Hélène possède les cendres du héros de la France... »

Nous restâmes quelques minutes sous l'impression de ces cruelles pensées. Le duc reprit: « A six heures du matin j'entrais dans Paris. Dans la journée, nous présentâmes au conseil des alliés l'abdication de l'Empereur. Je demandai que toutes les hostilités fussent suspendues et que les différents corps étrangers cessassent leur mouvement sur Fontainebleau. Des ordres furent expédiés à l'instant sur tous les points, et les négociations s'entamèrent sur les dispositions à prendre relativement à l'Empereur et à sa famille.

« Je dois dire, parce que cela est vrai, que nous fûmes secondés avec empressement par les souverains alliés, dans tout ce que nous crûmes devoir réclamer dans l'intérêt de la famille impériale. Alexandre dit qu'il fallait que, dans la manière dont on traiterait pécuniairement Napoléon, il eût assez de marge pour pouvoir rémunérer à son gré sa maison militaire et assurer le sort de ses serviteurs. Si ultérieurement ces articles du traité furent éludés et méconnus, c'est aux héritiers de l'Empire que doit être attribué l'odieux de ce déni de justice.

« La question de la résidence de l'Empereur fut vivement discutée. Les *conseillers* français veulent qu'on l'envoie loin, bien loin; on nomme déjà Sainte-Hélène; puis on balance entre Corfou et la Corse; on parle de l'île d'Elbe. Et comme le climat de cette île est beau, et qu'enfin c'est l'Italie, presque encore la France, je saisis cette ouverture pour en faire une demande formelle. Des réclamations, des insinuations perfides s'élèvent: c'est trop près;

l'Italie est encore sous le charme de Napoléon..... Mais l'empereur Alexandre que j'ai entretenu quelques instants, m'appuie vivement et décide que la principauté de l'île d'Elbe sera cédée à l'empereur Napoléon pour en jouir durant sa vie, à titre de souveraineté et de propriété.

« Tandis que l'on stipule ces conventions, je reçois un courrier de Fontainebleau ; l'Empereur m'écrit : « Rapportez-moi mon abdica-
« cation. Je suis vaincu, je cède au sort des
« armes, un simple cartel doit suffire. »

« Dans une autre missive apportée dans la soirée :

« Que me parlez-vous de conventions, de
« traité ? je n'en veux pas... Puisqu'on ne veut
« pas traiter avec moi et qu'il ne s'agit que de ma
« personne, à quoi bon un traité ? cette négo-
« ciation diplomatique me déplaît : cessez-la. »

« Vers cinq heures du matin, je suis réveillé par un nouveau courrier. « Je vous or-
« donne de me rapporter mon abdication. Je
« ne signerai aucun traité, et, dans tous les
« cas, je vous défends de faire aucune stipu-
« lation d'argent... Cela est dégoûtant. »

« Je reçus sept courriers en vingt-quatre

heures. Véritablement la tête me tournait.....
Je savais, moi, ce que lui ignorait. Je devais à
un noble caractère un horrible avertissement :
les émissaires du gouvernement provisoire rô-
daient autour de Fontainebleau... M. de Mau-
breuil, en 1817, lors de son honteux procès, a
eu l'incroyable courage de révéler dans quel
but !

« Il était donc de la dernière urgence d'en
finir, et je pressais de toutes mes forces la rédaction des conventions. Le 11 avril au soir
tout fut prêt. Nous retournâmes à Fontainebleau porteurs du traité définitif, pour le présenter à l'Empereur, et, bien que je prévisse
encore des difficultés à son acceptation, j'es-
pérais le vaincre à force de persévérance.

« En m'apercevant le regard de Napoléon
devint foudroyant. « Me rapportez-vous enfin
« mon abdication ?

« — Sire, » lui dis-je vivement, « je prie
« Votre Majesté, avant de m'adresser des re-
« proches immérités, de vouloir bien m'en-
« tendre. Il n'était plus en mon pouvoir de
« vous renvoyer cet acte. Mon premier soin,
« en arrivant à Paris, avait été de le commu-
« niquer aux souverains alliés, afin que toutes

« les hostilités cessassent... Il a servi de base
« aux négociations du traité. Cette pièce offi-
« cielle de l'abdication de Votre Majesté a
« été aussitôt insérée dans les journaux.

« — Et que me fait à moi qu'on l'ait ren-
« due publique, qu'on l'ait insérée dans les
« journaux, s'il ne me convient pas de traiter
« dans ces formes? »

« Je m'épuisai à l'instruire avec exactitude de tout ce qui se passait à Paris. Je fus forcé de lui rappeler quelles étaient les dispositions de son entourage. A tout ce que je lui disais, il répondait: « Je ne signerai pas, je ne veux pas « de traité. »

« Une partie de la journée s'écoula dans ces pénibles débats.

« Pendant ce temps tout était en rumeur dans le château. Le salon qui précédait le cabinet de l'Empereur était rempli de groupes qui discutaient sur les nouvelles reçues de Paris. On s'indignait que Napoléon n'eût pas encore signé. Puisque tout était définitivement conclu, qu'attendait-il donc ? Chaque fois que la porte du cabinet s'ouvre, on aperçoit des têtes qui s'avancent; on est placé si près qu'on peut entendre ce qui se passe chez l'Empereur.

L'asile du malheur est violé par la curiosité barbare de tout ce monde de courtisans.

« En quittant l'Empereur, je laissai le traité sur son bureau. Je n'avais même pu obtenir qu'il le lût en entier. Je rentrai chez moi, j'avais besoin de repos. Mon énergie s'usait dans cette lutte incessante. Désespéré et presque rebuté, je me laissai aller au découragement. Mais ma pensée se reporta sur les souffrances de cette grande et noble victime et je retrouvai du vouloir et des forces, pour essayer de les alléger. Mes efforts et mon dévouement lui étaient encore nécessaires. Dans la soirée je retournai chez l'Empereur que je trouvai dans un accablement profond; l'irritation de la journée avait fait place à une apathie cruelle. Je cherchais à le tirer de cet état; il répondait par monosyllabes, mais son esprit était ailleurs....

« Sire, » lui dis-je, « au nom du ciel, au
« nom de votre propre gloire, prenez un parti,
« quel qu'il soit, les circonstances n'admettent
« aucune temporisation. Sire, je ne puis vous
« dire toutes les inquiétudes qui me dévorent,
« mais, lorsque Caulaincourt, votre fidèle,
« votre dévoué ami, vous adjure, vous de-
« mande à genoux de sortir de la position où

« est placée Votre Majesté, il faut que des
« raisons bien impérieuses commandent cette
« insistance.

« — Mais enfin, que voulez-vous que je
« fasse? »... Et son regard sombre s'attachait
sur le mien.

« Je gardai le silence. Il se leva et se promena longtemps, lentement, les mains croisées derrière le dos; puis, comme sortant d'un pénible rêve, il me dit d'un ton calme: « Il
« faut en finir, je le sens..... Mon parti est
« pris... » Ces derniers mots furent prononcés
avec une inflexion qui me fit froid au cœur.
« A demain, Caulaincourt. »

« Les pressentiments ne trompent pas.....
C'est une révélation de l'âme, c'est un reflet
de l'avenir, que sais-je ? Ce soir-là, en prenant
congé de l'Empereur, j'éprouvai un sentiment
d'anxiété indéfinissable; je ne pouvais me décider à m'arracher d'auprès de lui. En nous
séparant, il me tendit la main, elle était brûlante, la mienne était humide et glacée, et
quand la porte du cabinet se referma sur moi,
par un mouvement inexplicable, je ressaisis la
clef et m'y cramponnai. J'aurais voulu avoir
un prétexte pour rentrer..... Enfin, je m'éloi-

gnai. Ma tête était pesante, mes idées confuses, et je cherchai en vain le sommeil. Quelques heures plus tard, cette angoisse intime me fut expliquée... Je vous raconterai cette horrible scène, mais à présent...

— Non, non, pas à présent, » répétai-je, en remarquant l'altération répandue sur le pâle visage du duc de Vicence, et pourtant, faible et cruellement souffrante moi-même, j'aurais passé toute la nuit à entendre le reste...

CHAPITRE V.

« Hier au soir, » dit le duc de Vicence, « je n'aurais pu vous raconter cette funeste nuit. Je me sentais si mal, et ce souvenir est si douloureux !

« J'étais couché depuis peu de temps, lorsque Pelard ou Constant, je ne sais plus lequel, frappa vivement à ma porte, en me disant de me rendre en toute hâte chez l'Empereur qui me demandait. Un pressentiment sinistre me traversa le cœur et cinq minutes ne s'étaient pas écoulées que je me trouvais auprès du lit où Napoléon, en proie à d'affreuses convulsions, semblait prêt à expirer... C'était horrible !! Sa figure d'une pâleur livide, ses lèvres contractées, ses cheveux collés à son front par une sueur froide, ses yeux éteints et fixes... oh! la fixité de ce regard faisait frémir! « Et le duc par un mouvement involontaire se couvrit le visage de ses deux mains, comme pour fuir une épouvantable vision.

« Déchiré par un doute affreux, » reprit le duc, « je voulais, mais je n'osais, mais je ne pouvais l'interroger.

« — Monsieur le duc, » me dit Ivan à voix
« basse, « il est perdu s'il ne boit pas... il re-
« fuse tout... Il faut cependant qu'il boive,
« qu'il rejette; au nom de Dieu, obtenez qu'il
« boive. »

« J'arrachai la tasse des mains d'Ivan, c'était du thé, je crois ; je la présentai à l'Empereur qui la repoussa. « Je vais mourir, Caulain-
« court... je vous recommande ma femme et
« mon fils.... défendez ma mémoire..... je ne
« pouvais plus supporter la vie... »

« J'étouffais, je ne pouvais parler ; je présentais toujours cette tasse, et lui la repoussait toujours. Cette lutte me rendait fou... « Lais-
« sez... laissez... » disait-il d'une voix mourante.

« — Sire, » m'écriai-je, exaspéré par la douleur, « au nom de votre gloire, au nom de la

« France, renoncez à une mort indigne de
« vous. »

« Un profond soupir sortit de sa poitrine haletante. « — Sire, Caulaincourt n'obtien-
« dra-t-il pas cette grâce ? »

« J'étais penché sur son lit, mes larmes inondaient son visage; il fixa ses yeux sur moi avec une expression indéfinissable. J'approchai la tasse, il but enfin ! Un vomissement accompagné de spasmes violents nous jeta tous dans de mortelles alarmes. Épuisé, il retomba presque sans vie sur son oreiller.

« Ivan, l'air égaré, disait : « Mais il faut
« qu'il boive encore; il le faut... il est perdu...
« il est perdu s'il ne boit pas. » Et je recommençais mes supplications, et il résistait. Cependant à force d'instances, de prières, il but à diverses reprises et des soulèvements réitérés amenèrent quelque vomissement. Les crampes d'estomac s'affaiblirent, les membres reprirent de la souplesse, la contraction des traits cessa peu à peu. Il était sauvé !

« Pendant les deux mortelles heures que durèrent ces effroyables crises, pas une plainte ne s'échappa de sa bouche. Il étouffait les cris que lui arrachait la douleur, en broyant un mouchoir dans ses dents. Quelle force de caractère que celle de cet homme !

« L'intérieur de cette chambre mortuaire, cette agonie à la pâle lueur des bougies ne peuvent se décrire. Le silence n'était interrompu que par les sanglots des assistants. Il n'y avait pas un des témoins de cette terrible scène qui n'eût donné sa vie pour sauver celle de Napoléon. C'est que dans son intérieur il fut le meilleur des hommes, le plus indulgent des maîtres. Les regrets de tous ses serviteurs lui survivent...

« Un peu de calme succéda. Il s'assoupit pendant une demi-heure, et Constant me raconta que, couché dans un entresol pratiqué au-dessus, il avait cru entendre quelque bruit dans la chambre de l'Empereur ; il accourut et le trouva dans des convulsions violentes, la figure tournée sur l'oreiller pour étouffer ses cris ; il refusait tous les secours que le pauvre Constant s'efforçait de lui donner. On fit avertir Ivan. En l'apercevant, l'Empereur lui dit : « Ivan, la dose n'était pas assez forte. » Alors on acquit la triste certitude qu'il s'était empoisonné. « Faites appeler le duc de Vicence, » ajouta-t-il d'une voix à peine intelligible. Une crise affreuse le saisit; j'étais arrivé à ce moment.

« Inquiet des suites que l'action du poison pouvait avoir sur la santé de l'Empereur, je me retournai pour consulter Ivan que je croyais encore dans la chambre. Il avait disparu. Je le fis chercher, on ne le trouva nulle part. Cette disparition était inexplicable dans un pareil moment. J'ai appris depuis qu'Ivan, effrayé de la responsabilité que les paroles de l'Empereur, *la dose n'était pas assez forte*, pouvaient faire peser sur lui, avait pris le premier cheval sellé qu'il trouva dans la cour du château et s'était dirigé vers Paris. Toujours est-il qu'il ne reparut plus.

« Agité de mouvements nerveux, l'Empereur reposait péniblement. Je me jetai accablé dans un fauteuil. Mon esprit repassait en frémissant la série de désastres de tous genres qui depuis un mois se succédaient sans relâche. Ce palais de Fontainebleau m'était devenu odieux. Il me représentait les scènes de deuil et de sang dont cet antre infernal avait été le théâtre. Je me rappelai que ces mêmes murs avaient vu s'accomplir un autre meurtre, et il me semblait entendre encore les gémissements, les imprécations, les prières, le râle d'une autre victime. C'est là que deux siècles avant, une reine, une furie étrangère, recueillie par l'hospitalité française, avait fait égorger son amant sous ses yeux, à ses pieds ! Un autre drame terrible allait assombrir encore les traditions de cette royale résidence. A cette heure, c'était un grand monarque, précipité du trône, déposant la couronne dans la tombe, seul refuge contre les outrages que sa vaillante épée ne pouvait plus venger !.. Oui, telle a été la pensée de Napoléon; il a préféré ce pacte avec la mort au pacte présenté par l'étranger. Son action, diversement jugée, restera toujours empreinte de l'élévation et de la noblesse qui caractérisent cet homme extraordinaire.

« L'Empereur s'éveilla, je me rapprochai de son lit. Les gens de service se retirèrent, nous restâmes seuls.

« Ses yeux enfoncés et ternes semblaient chercher à reconnaître les objets qui l'environnaient, tout un monde de tortures se révélait dans ce regard vague et désolé ! « Dieu ne l'a pas voulu... » dit-il, comme répondant à sa pensée intime, « je n'ai pu mourir !..

« — Sire, votre fils, la France où votre

« nom vivra éternellement, vous imposent le
« devoir de supporter l'adversité.

« — Mon fils... mon fils ! Quel triste héri-
« tage je lui laisse... cet enfant né roi... au-
« jourd'hui sans patrie ! ! Pourquoi ne m'a-t-
« on pas laissé mourir ! »

« Oh ! dans cette scène il y avait un de ces contrastes qui épouvantent l'imagination. Napoléon empoisonné pleurant sur l'avenir de son unique enfant !.. Lui, Napoléon ! ce souverain dont la domination s'étendait naguère du nord au midi ! Napoléon, ce géant des champs de bataille qui avait planté ses aigles victorieuses sur toutes les capitales de l'Europe ! !

« — Sire, » répondis-je, « vous ne devez
« pas mourir ainsi, il faut que la France vous
« pleure vivant !

« — La France ! elle m'a abandonné !... et
« vous Caulaincourt, vous, à ma place, vous
« eussiez fait ce que j'ai fait... quand tout me
« souriait, n'ai-je pas souvent affronté la mort
« sur les champs de bataille ?

« — Oui, Sire, les circonstances où se trouve
« Votre Majesté sont déplorables, mais...

« — Ce n'est pas la perte du trône, » interrompit-il vivement, « qui me rend l'existence

« insupportable. Ma carrière militaire suffit à
« la gloire d'un homme, et, » ajouta-t-il avec
force, en se soulevant à demi, » une couronne
« de lauriers est moins fragile que la couronne
« de pierreries qui ceint le front des plus puis-
« sants monarques... Savez-vous ce qui est plus
« difficile à supporter que les revers de la for-
« tune ? Savez-vous ce qui broie le cœur ?
« C'est la bassesse, c'est la hideuse ingrati-
« tude des hommes... En présence de leurs
« lâchetés, de l'impudeur de leur égoïsme,
« j'ai détourné la tête avec dégoût, et j'ai pris
« la vie en horreur... La mort c'est le repos...
« le repos enfin!.. Ce que j'ai souffert depuis
« vingt jours ne peut être compris... »

« Tandis qu'il parlait, je le considérais avec un inexprimable regret. L'exil allait enfouir ce météore qui brillait encore d'un si vif éclat ; ses premiers rayons avaient éclairé, vivifié la France, et la France le laissait disparaître !

« A ce moment la pendule sonna cinq heures. Les scintillements du soleil levant, perçant à travers les rideaux d'un rouge éclatant, coloraient de tons vigoureux la sévère et expressive figure de Napoléon. Il y avait tant de grandeur, tant de puissance dans cet homme, qu'il semblait impossible qu'il fût anéanti autrement que par la foudre!

« Il se releva, saisit le rideau qu'il rejeta en arrière, et, s'accoudant sur son chevet : « Caulaincourt, » dit-il en portant la main à son front, « dans ces derniers jours il y a eu
« des instants où j'ai cru que j'allais devenir
« fou.. où j'ai senti là une chaleur dévorante...
« La folie, c'est le dernier degré de l'abjec-
« tion humaine... Plutôt mourir mille fois !
« Rappelez-vous notre visite à Charenton ? »

« Je tressaillis. Ainsi, l'impression de cette visite à Charenton, en 1807, ne s'était pas effacée, et dès ce jour peut-être une idée fixe, invariable comme sa volonté, lui fit choisir la mort, contre la possibilité d'un tel malheur.

« — Sire, » m'écriai-je, « éloignez ces
« affreuses pensées; votre organisation si forte
« ne fléchira jamais. Votre courage doit éga-
« ler votre grande renommée, et le secret de
« la nuit qui vient de s'écouler ne doit pas dé-
« passer ces murs... L'Europe contemple le
« grand Napoléon sur le piédestal de sa haute
« infortune.

« — Je vous comprends... En me rési-
« gnant à vivre, c'est accepter des tortures
« sans nom... n'importe, je saurai les subir. »
Il resta pensif quelques instants, puis il ré-
prit : « je signerai aujourd'hui. A présent, je
« suis bien, mon ami. Allez vous reposer,
« mon pauvre Caulaincourt !

« Il voulait en m'éloignant ressaisir dans
le silence l'énergie dont il avait besoin pour
consommer le sacrifice. Je ne m'y trompais
pas ; il paraissait calme, et ce calme faisait
peur...

« En rentrant chez moi, j'ouvris ma fenêtre ; j'essayai de rafraîchir mon front brûlant
à l'air glacé du matin ; je sentais que tant et de
si vives émotions lassaient les ressorts de mon
intelligence, et je comprenais aussi le repos
dans la mort !

« A dix heures l'Empereur me fit demander, je le trouvai levé et habillé. Sa figure
était profondément altérée, mais il avait repris son pouvoir sur lui-même, et rien dans son
maintien ne révélait les convulsions de son
âme. A plusieurs reprises ses yeux se fixèrent
sur les miens. Ce muet interrogatoire expri-

mait sa pensée, il ne l'articula pas, il ne dit pas un seul mot qui eût trait aux scènes de la nuit.

« Nous nous entretînmes de plusieurs dispositions à prendre relativement au traité. « Ces clauses d'argent m'humilient » dit-il, « il « faut les faire disparaître. Je ne suis qu'un « soldat, un louis par jour me suffit. » Nous discutâmes vivement cette question, j'appréciais et j'en approuvais l'esprit. Cependant l'entretien de la maison militaire, son état de représentation comme souverain ne permettaient pas qu'on supprimât les stipulations convenues à cet égard. Il finit par céder et se résigna à ratifier le traité, ce dernier chaînon qui le liait encore à la souveraineté qu'il avait exercée avec tant d'éclat!

« Maintenant, » ajouta-t-il d'un ton bref, « hâtez la conclusion de tout.... remettez le « traité entre les mains des souverains alliés. « *Dites, Caulaincourt, dites-leur en mon nom,* « *que je traite avec l'ennemi vainqueur, et non* « *pas avec ce gouvernement provisoire dans* « *lequel je ne vois qu'un comité de factieux et* « *de traîtres.* »

« Ce sont là d'admirables paroles, elles palpitent d'une noblesse, d'une hauteur de sentiments dignes de Napoléon, et je n'ai pas manqué de les redire mot à mot.

« Ney et Macdonald furent avertis de se rendre dans le cabinet de l'Empereur. Il revêtit le traité de sa signature. Sa ruine était consommée. Il ne restait du plus puissant monarque que l'homme immortel !!!

« D'un ton ferme il nous donna ses dernières instructions, puis il ajouta : « Mon abdi-
« cation et ma ratification au traité ne peu-
« vent être obligatoires qu'autant que l'on
« tiendra les promesses faites à l'armée. Ne
« vous en dessaisissez qu'à cette condition. »

« Notre retour à Paris excita des transports de joie parmi les meneurs de l'entreprise ; ils allaient enfin jouir du fruit de leurs œuvres...

« Le conseil s'assembla ; les souverains et les membres du gouvernement provisoire étant présents, nous fîmes la remise officielle de l'abdication et du traité du 11 avril ratifié par l'Empereur. On ajourna au lendemain les discussions sur divers points de détail. Après l'échange des félicitations et des compliments usités en pareil cas, au moment de nous retirer, les membres du gouvernement provisoire avec lesquels, dans toutes ces circonstances, j'avais évité soigneusement de me trouver en contact, nous demandèrent notre adhésion. Le général Dessoles s'approcha de moi et me pria en termes flatteurs de vouloir bien adhérer au nouvel ordre de choses, ainsi que l'avaient fait tous les dignitaires et presque tous les généraux de l'armée.

« Monsieur, » lui répondis-je à haute voix, « je ne règle pas ma conduite sur celle des « autres. Je suis le plénipotentiaire et le sujet « de l'Empereur Napoléon ; je ne cesserai de « l'être que lorsqu'il n'aura plus besoin de mes « services, et qu'il m'aura délié de mes ser- « ments. » Macdonald fit, avec une noble fermeté, une réponse analogue à une demande du même genre qui lui était adressée. Affranchis enfin de la présence de certaines gens, nous nous retirâmes.

« En me retrouvant chez moi, j'éprouvai presque du bonheur. Après de si cruelles secousses, un instant de répit, c'était du bien-être. Il y avait une confusion étrange dans mes idées. Les événements de ces derniers jours se croisaient en tous sens dans ma tête, mon esprit se refusait à en accepter la réalité, et je me surprenais vingt fois le jour à vivre dans un état de choses idéal. Je ne pouvais parvenir à me replacer dans le vrai. Je ressentais, tout éveillé, la fatigue et le décousu d'un mauvais sommeil, lorsqu'on cherche à se débarrasser d'un rêve effrayant dans lequel on retombe sans cesse.

« C'est que Paris, à cette époque, était ce quelque chose sans nom qui se refuse à toute analyse, ce quelque chose sans nom qui confond toutes les idées reçues, toutes les règles du juste et de l'injuste, de l'honneur et du déshonneur. Au temps des réactions, il surgit tout à coup des hommes, des caractères, des faits, des événements qui semblent exclusivement appropriés aux commotions du moment. L'état social semble être tombé en dissolution. Un esprit de vertige s'empare de la raison publique, on s'agite, on se passionne, sans compter ni avec sa conscience, ni avec sa propre dignité. Les convictions de la veille ne sont plus celles du lendemain ; la vie réelle fait place à un tourbillon qui entraîne en passant toutes les croyances, toutes les opinions. Quand cette lutte de surexaltation a cessé, on rougit d'avoir épousé la cause de quelques misérables, d'avoir soutenu des querelles iniques, d'avoir partagé des haines furieuses; on s'étonne, on s'indigne du rôle de niais et de dupe qu'on a bénévolement accepté dans cette grande comédie du monde où les honnêtes gens servent toujours de marche-pied aux intrigants.

« Rien ne constate mieux l'absence de toute légalité gouvernementale, et par-dessus tout, l'incroyable confusion qui régnait à Paris au mois d'avril 1814, que l'anecdote suivante, qui m'a été racontée par l'un des acteurs de cette scène burlesque. Elle caractérise parfaitement l'époque.

« Aussitôt l'abdication et le traité signé, tout ce qui restait encore de personnages marquants auprès de l'Empereur abandonna Fontainebleau et accourut à Paris. A l'exception du duc de Bassano, qui n'a pas quitté son poste un moment, je ne sache pas qu'un seul ministre ou grand dignitaire soit resté au château. Le gouvernement provisoire accueillait avec empressement ces transfuges, mais il n'était pas parfaitement tranquillisé. Il fallait s'assurer que la masse de l'armée adopterait avec la même soumission le nouvel ordre de choses. En conséquence chacun des maréchaux était invité, en petit comité, à obtenir des troupes placées sous ses ordres le plus d'adhésions possibles. Un désir exprimé par les dispensateurs des grâces et des places suffisait alors pour exciter le zèle et le *patriotisme*, et c'était à qui rivaliserait de vitesse, pour enrôler sous la nouvelle bannière les généraux restés fidèles à leur vieux drapeau.

« Le brave général Leval commandait une division de dix mille hommes, qu'il avait vaillamment ramenée d'Espagne, à travers la France envahie par les troupes étrangères. Cette division, arrivée dans le courant de février, s'était distinguée dans les glorieux combats livrés dans les plaines de la Champagne, et, par suite des événements, elle se trouvait actuellement campée à douze lieues de Paris. Elle faisait partie du corps d'armée placé sous les ordres du maréchal ***.

« Le général Leval n'avait pas quitté ses troupes, et, différent de tant d'autres, il n'était pas venu mendier des faveurs à Paris. Vous le connaissez; il n'est ni élégant ni brillant; dans un salon, c'est un homme vulgaire; à l'armée c'était un homme très-distingué et dont l'Empereur faisait le plus grand cas. Estimé pour ses talents militaires, pour sa probité, pour sa valeur personnelle; adoré de ses soldats, le général comte Leval, grand officier de la Légion-d'Honneur, n'était pas une recrue à dédaigner et son silence inquiétait. On ne concevait pas qu'ayant une dotation de cent mille livres de rente à conserver (si faire se pouvait) il se tînt à l'écart et ne vînt pas offrir son dévouement et ses services. C'était en ce temps-là une exception remarquable.

« Le maréchal *** dépêche donc un de ses aides-de-camp vers le général, avec une lettre, pour l'engager, comme chef et comme ami, à ne pas tarder plus longtemps à envoyer au gouvernement provisoire son adhésion et celle de son corps d'officiers.

« Je vais laisser parler M. de C......., bon et intelligent officier, mais léger et rieur comme un jeune homme qu'il était.

« Le général Leval lut et relut lente-
« ment la lettre du maréchal : « Je n'y com-
« prends pas un mot, » dit-il comme en se par-
« lant à lui-même. « Puis, avec sa froideur
« accoutumée, s'adressant à moi : « Je ne com-
« prends pas, monsieur?

« — Quoi?... mon général.

« — M. le maréchal m'écrit d'envoyer mon
« adhésion et celle de mes officiers, mais...
« Adhérer, à quoi ? Adhérer, pourquoi ?

« — Ah !... mon général.... je crois... je
« ne le sais pas.

« — Eh bien, monsieur, dites à M. le Ma-
« réchal *** que je demande : « Adhérer, à
« quoi ? Adhérer, pourquoi ? » Et il me tour-
« na le dos.

« Le général Leval n'est pas un homme
« devant lequel une jeune barbe comme moi
« eût osé rire, et cependant ce *à quoi ?* et ce
« *pourquoi ?* me divertissaient beaucoup. Non
« pas que j'y entendisse alors autre chose que
« ce que le général, dans sa probité de sol-
« dat, y entendait lui-même, je crois, mais
« parce qu'à ces questions je n'avais su que
« répondre, et il est de fait que je ne m'étais
« pas du tout rendu compte du sens attaché au
« mot *adhésion* dont j'avais les oreilles rebat-
« tues.

« Je repartis comme j'étais venu, à franc
« étrier, en brûlant le pavé.

« — Bien, » dit le maréchal en m'aperce-
« vant, « vous avez fait bonne diligence. »
« Et il tendait la main....

« — M. le maréchal, je vous rapporte de
« vive voix la réponse.

« — Comment! est-ce qu'il refuse son ad-
« hésion? » dit le maréchal en fronçant le
« sourcil.

« — Le général a lu et relu la lettre de
« votre excellence....

« — Eh bien?

« — Eh bien, M. le maréchal, il m'a dit
« qu'il ne comprenait pas, et il m'a chargé de
« demander à votre excellence: *Adhérer, à*
« *quoi? adhérer, pourquoi?*

« — Mais... » dit le maréchal en ayant l'air
de réfléchir profondément: « Adhérer, à quoi?
« Adhérer, pourquoi?... C'est juste, il a rai-
« son... Ecoutez, M. de C.... Cela est plus
« simple: allez tout de suite chez le prince de
« Bénévent, dites-lui que je me suis empres-
« sé d'envoyer demander l'adhésion du géné-
« ral Leval. Vous lui répéterez la réponse et
« vous le prierez de ma part de vous donner
« l'explication que désire le général. Singu-
« lier corps! *A quoi? pourquoi?* Je veux être
« pendu si j'en sais quelque chose.

« Arrivé à l'hôtel Talleyrand, » continua

« l'aide-de-camp, « je me fis annoncer de la
« part de M. le maréchal ***.

« — Prince, M. le maréchal m'envoie au-
« près de votre excellence pour lui rendre
« compte de ma mission auprès du général
« Leval relativement à l'adhésion....

« — Ah!... fort bien, monsieur... vous la
« rapportez...

« — Prince, le général Leval ne comprend
« pas ce qu'on lui demande. Il a répondu :
« *Adhérer, à quoi? Adhérer, pourquoi?* Et
« M. le maréchal désire que votre excellence...

« — Vous êtes le fils de M. de C..., le maî-
« tre des cérémonies? » dit-il en m'interrom-
« pant.

« — Oui, mon prince... M. le maréchal de-
« mande...

« — Ah!... Et comment se porte monsieur
« votre père? Est-il à Paris?

« — Très-bien; oui, mon prince... M. le
« maréchal...

« — Je serai charmé de le voir. »

« Et se levant, tout en boitillant, il me poussait vers la porte, avec cet air narquois que vous lui connaissez: « Faites, je vous prie,

« monsieur, mes compliments à M. le maré-
« chal ***. Dites-lui que le gouvernement
« provisoire profitera de son avis.... et l'en
« remercie... »

« Pour cette fois je pouffais de rire depuis
« la rue Saint-Florentin jusque chez mon ma-
« réchal, et je me délectais d'avoir à rappor-
« ter cette autre réponse.

« Qu'a dit le prince ? »

« J'offris à M. le maréchal les compliments
« du prince et les remerciements du gouver-
« nement provisoire. »

« Et voilà, » ajouta le duc de Vicence,
comment se traitaient les affaires les plus
sérieuses du pays.

« — Cela est pitoyable, » dis-je en riant,
« mais cette parade est fort amusante. Ce
M. de Talleyrand est bien le plus grand escamoteur du monde entier !

« Quelques jours après, » reprit le duc,
« j'entendis la contre-partie de la narration de
l'aide-de-camp, par le général Leval lui-même.
Il me dit avec cette bonne simplicité que vous
savez: « Imaginez, M. le duc, que j'étais bien
« tranquille à mon quartier-général, atten-

« dant des ordres, et au lieu d'ordres il nous
« arrivait de Paris les plus ridicules nouvelles.
« Je m'aperçus que quelques têtes commen-
« çaient à fermenter. Moi, qui suis solide au
« poste, je fis rassembler mes troupes; et en
« passant devant le front de chaque régiment,
« je déclarai net que le premier officier ou sol-
« dat qui bougerait, je lui passerais mon épée
« au travers du corps; et comme ils savaient
« que je leur aurais tenu parole, pas un hom-
« me n'a manqué à l'appel, je vous le jure.

« Lorsque la lettre du maréchal *** m'ar-
« riva, je compris bien de quoi il s'agissait;
« mais était-ce à moi, comblé des bienfaits de
« l'Empereur, à mettre sa cocarde dans ma
« poche, et à l'abandonner avant d'y être forcé?
« J'ai gagné tous mes grades, depuis les ga-
« lons de sergent, avec mon sang sur les
« champs de bataille, cela est vrai; mais les
« titres? mais les dotations? à qui les devais-
« je? à l'Empereur qui, lui, ne me devait
« rien! J'aurais été un vil ingrat, si j'avais pu
« oublier ses bienfaits et le trahir.

« Quand l'Empereur nous eut déliés de nos
« serments et que son abdication nous fut offi-
« ciellement communiquée, je fis comme les

« autres, je me résignai... Alors, seulement
« alors, j'envoyai cette fameuse adhésion. Mais
« je vous le demande, monsieur le duc, si j'eus
« lieu d'être indigné de la lettre du maré-
« chal ***? a-t-on vu faire à brûle-pourpoint
« une pareille proposition à un homme d'hon-
« neur? à un vieux général blanchi sous le
« harnais? »

— A merveille, » m'écriai-je, « il me semble entendre ce bon général; il puise dans l'honnêteté de son cœur ce qui est noble et bien. A mon retour je lui ferai me raconter, dans son pittoresque langage, l'histoire de sa *fameuse* adhésion.

— Cette anecdote, » reprit le duc, « je-tée à travers tant de turpitudes, repose le cœur. Malheureusement je n'avais pas à traiter avec l'armée, qui m'eût offert plus d'un consolant exemple à citer, et les relations d'un tout autre genre que je continuai forcément jusqu'au départ de l'Empereur ne m'ont laissé que des souvenirs affligeants.

« Quelque activité que j'apportasse depuis mon retour à presser les arrangements, je n'allais pas encore assez vite à son gré. Il m'envoyait courrier sur courrier pour hâter les dispositions. « Caulaincourt, » m'écrivait-il dans un de ses courts billets, « Caulaincourt, je « veux partir... Qui m'eût dit que l'air de la « France me deviendrait lourd et étouffant ! « l'ingratitude des hommes tue plus sûrement « que le fer et le poison. Ils m'ont rendu l'exi- « stence à charge... Pressez, pressez mon dé- « part. »

« Il fut décidé que les quatre grandes puissances enverraient chacune un commissaire pour escorter l'Empereur. Alexandre désigna le général Schouwaloff, auquel il donna des instructions particulières. L'Autriche, le général Koller ; l'Angleterre, le colonel Campbell ; et enfin la Prusse, le général Valdebourg Truchssefs.

« Bien que je craignisse que la vue de ces commissaires ne fût désagréable à l'Empereur, j'avais de fortes raisons pour désirer qu'ils se rendissent immédiatement à Fontainebleau. Ils y arrivèrent le 16 au matin. Je remis à plus tard d'autres discussions relatives au traité, et je courus rejoindre Napoléon. Quelle vie a été la mienne pendant ces jours de désolation !

« En arrivant à Fontainebleau, je traversai le petit nombre de troupes laissées encore auprès de l'Empereur. Rien, rien ne peut rendre l'expression de douleur profonde qui était répandue sur la figure de ces soldats. Leurs regards allaient chercher dans le mien la nature du sentiment que j'avais conservé à leur Empereur. Ils avaient été témoins de tant de lâches défections ! En me voyant revenir, une explosion de cris « vive l'Empereur ! » m'accueillit ; je compris leur intention, et cette naïve ovation compensa pour moi bien de cruels dégoûts. La sympathie établie entre ces braves gens et moi m'était douce. Au milieu de la perversité générale, il y avait donc encore quelques hommes qui comprenaient l'honneur dans la fidélité au malheur !

« Mais cette bonne impression fut bientôt remplacée par de pénibles pensées. Les galeries et les salons qui avoisinaient l'appartement de l'Empereur étaient déserts. Les maréchaux avaient emmené avec eux leurs brillants états-majors ; le vent de l'adversité a soufflé, la foule dorée s'est évanouie. Cette solitude était saisissante. Ce chef redouté qui ne marchait qu'entouré d'un magnifique cortége, ce grand monarque qui a vu les rois à ses pieds, n'est plus qu'un simple particulier, déshérité même de l'intérêt et des soins de ses amis! tout est désolant, tout est affreux dans ce splendide palais, et j'avais la fièvre d'impatience de soustraire au plus tôt l'Empereur à ce supplice.

« A mon arrivée je le trouvai seul dans le petit jardin qui est renfermé entre l'ancienne galerie des Cerfs et la chapelle. Le bruit de mes pas le tira de sa rêverie, il tourna vivement la tête, un rayon de joie éclaira sa physionomie. Quand je fus près de lui, il prit mon bras et continua sa promenade : « Tout est-il prêt en-
« fin pour mon départ?

« — Oui, sire, » répondis-je en cherchant à calmer mon émotion.

« — C'est bien... Mon pauvre Caulaincourt,
« vous exercez jusqu'à la fin les fonctions de
« grand écuyer auprès de ma personne... (Il y avait une allusion bien douloureuse dans cette phrase.) Concevez-vous que Berthier soit
« parti? parti, sans me faire ses adieux !

« — Sire, » dis-je emporté par l'indignation que je refoulais depuis tant de jours, « Ber-
« thier n'a dû son importance qu'à la prédi-
« lection de Votre Majesté. Sous vos ordres,
« tout homme ayant de la ponctualité et de la
« mémoire, eût été un bon major général. Ce

« mérite négatif était essentiellement celui de
« Berthier. Sa conduite envers Votre Majesté
« dans ces derniers temps établira équitable-
« ment la part qui lui revient dans les immor-
« telles campagnes de la grande armée. Le
« prince de Wagram, sire, est descendu du
« piédestal où votre amitié l'avait fait monter.

« — Berthier, » dit l'Empereur, « est né
« courtisan. Vous verrez mon vice-connétable
« mendier un emploi auprès des Bourbons. »

Il me parla ensuite avec dignité de la conduite honteuse que tenaient vis-à-vis de lui les
grands officiers de l'empire. « Je suis humi-
« lié, » dit-il, « que des hommes que j'ai
« élevés si haut aux yeux de l'Europe, se
« ravalent si bas. Qu'ont-ils fait de cette
« auréole de gloire, à travers laquelle ils ap-
« paraissaient à l'étranger?..... A présent,
« que doivent penser les souverains de toutes
« ces illustrations de mon règne?... J'ai beau
« faire, » ajouta-t-il en souriant amèrement,
« j'ai beau faire! Caulaincourt, cette France
« est mienne, tout ce qui la déflore m'est
« comme un affront personnel..... Je m'étais
« tellement identifié avec elle!!... Rentrons,

« je me sens fatigué. Avez-vous vu les com-
« missaires?

« — Non, sire; en descendant de voiture,
« je suis arrivé auprès de Votre Majesté.

« — Voyez-les, Caulaincourt, hâtez, hâtez
« mon départ... ceci se prolonge trop... »

« Au moment où nous allions quitter le jardin, un cuirassier de la garde en grande tenue sort de la galerie des Cerfs, où probablement il guettait l'occasion de parler à l'Empereur. Il accourt vers nous. « Que veux-tu?

« — Mon Empereur, je vous demande jus-
« tice, » répond-il d'un ton suppliant.

« — Que t'a-t-on fait?

« — On m'a fait une exécrable injustice. J'ai
« vingt-deux ans de service sur trente-six ans
« d'âge, je suis décoré, » dit-il en frappant rudement sur sa large poitrine, « et je ne suis
« pas porté sur la liste de départ!... Si on me
« fait ce passe-droit-là, il y aura du sang de ré-
« pandu... Je ferai une vacance dans les pri-
« vilégiés, ça ne se passera pas comme ça.

« — Tu as donc bien envie de venir avec
« moi?

« — Ce n'est pas une envie, mon Empe-

« reur, c'est mon droit, c'est mon honneur
« que je réclame, et...

« — As-tu bien réfléchi, » dit Napoléon avec bonté, « qu'il faut quitter la France, « ta famille; renoncer à ton avancement? Tu « es maréchal-des-logis...

« — Je leur en fais la remise de l'avance-« ment, » dit-il d'un ton brusque, « j'ai mes « galons et ma croix, ça me suffit... Quant « au reste, je m'en passerai encore. A cette « heure, pour nous autres, le pays, c'est le « régiment; le clocher de la paroisse, c'est le « drapeau. Et quant à ce qui est de la famille, « il y a 22 ans que vous êtes ma famille, vous « mon général. J'étais trompette en Egypte, « si vous vous en rappelez?

« — Allons..., tu viendras avec moi, mon « enfant, j'arrangerai cela.

« — Merci, oh merci! mon empereur, j'au-« rais fait un malheur, c'est sûr. » Le pauvre homme s'éloigna avec l'air heureux et fier.

« Le système des compensations, Caulain-« court, » dit l'Empereur ému; « je n'en puis « emmener que 400, et ma brave garde tout « entière veut me suivre... C'est à qui, parmi

« ces *courtisans-là*, s'ingénie pour trouver
« dans l'ancienneté de ses services, dans le
« nombre de ses chevrons, des titres à par-
« tager avec moi le pain et la terre de l'exil !
« Braves, braves gens, que ne puis-je les em-
« mener tous !.. » Et il serra convulsivement
mon bras.

« Le départ était fixé au 20, deux jours
seulement séparaient cette date fatale. Tous
les moments que je pouvais dérober aux soins
des préparatifs, je les passais auprès de l'Empereur dont les journées s'écoulaient dans une désespérante uniformité. Pas une visite de devoir, pas un souvenir de reconnaissance ne vint apporter quelque diversion à cet isolement. L'Empereur ne s'en plaignait pas, mais il en souffrait. Chaque fois que le bruit d'une voiture vient interrompre le silence des cours du palais, l'anxiété se peint dans son regard ; il attend... A son insu quelquefois il lui échappe un nom : Molé, Fontanes, Berthier, Ney, et personne, personne ne vient... Ces mille coups d'épingles sont affreux, ils usent la résignation et le courage.

« Montholon, chargé de faire une reconnaissance militaire, arriva des bords de la

Haute-Loire. Il parla avec enthousiasme des sentiments dont les populations et les soldats étaient animés. En ralliant les troupes du midi, on peut encore, dit-il, réunir des forces redoutables... « Il est trop tard, » répond l'Empereur, avec une expression que je ne puis rendre... » ils n'ont pas voulu !!

« Pour la seconde fois ce reproche sortait de sa bouche, et dans ces quelques mots était renfermée une accusation terrible... Les hommes et la fortune s'étaient lassés plutôt que le génie du héros !

« Le 19 au matin les préparatifs furent achevés. Le mouvement, la nécessité de prévoir à tout ce qui pouvait rendre le voyage moins pénible, l'agitation enfin, m'avaient soutenu. Mais quand tout fut préparé et qu'il ne me fut plus possible de m'étourdir sur le but de ces soins, je sentis mon cœur se déchirer à l'idée d'une si prochaine séparation. Je m'enfermai chez moi pour essayer de me calmer. Il ne fallait pas augmenter les angoisses de l'Empereur par le désordre de ma douleur, j'avais encore des devoirs à remplir auprès de lui, des ordres à recevoir ; il comptait sur moi, et mon courage ne devait pas lui faillir.

« Dans la matinée, il me fit appeler. Il paraissait résigné; mais ses traits altérés, l'expression fière de ses yeux, la lenteur inaccoutumée de ses mouvements, tout dans Napoléon accusait la violence des efforts qu'il s'imposait pour renfermer en lui d'atroces douleurs. Comme homme, il souffrait mille morts... qu'importe ? c'est son secret, c'est la part intime qu'il s'est réservée, il n'en doit compte à personne. Comme souverain, il doit se poser grand et calme devant le malheur.

« Caulaincourt, tout est-il disposé? » Je fis un signe affirmatif. « Demain à midi, je
« monterai en voiture, » ajouta-t-il d'un ton bref.

Il m'eût été impossible d'articuler un mot... Il me considéra quelques instants; ses yeux s'adoucirent, et, me tendant la main : « Cau-
« laincourt, je suis navré... nous ne devions
« jamais nous quitter.

« — Sire, » m'écriai-je désespéré, « je par-
« tirai avec vous. Ils m'ont rendu la France
« odieuse ! !

« — Non, Caulaincourt, vous ne devez pas
« quitter avec moi la France, vous m'y êtes
« utile encore... Qui se chargerait des inté-
« rêts de ma famille, de ceux de mes servi-
« teurs? qui défendrait la cause de ces braves
« et dévoués Polonais, dont l'article 19 du
« traité garantit les droits acquis par d'ho-
« norables services?... Songez-y bien, ce se-
« rait une honte de plus pour la France, pour
« moi, pour nous tous, Caulaincourt, si les
« intérêts des Polonais n'étaient pas irrévo-
« cablement assurés.

« Conformément au droit que me donne
« l'article 9, j'ai fait dresser un état, j'ai fixé
« les sommes dont je veux gratifier ma garde,
« ma maison civile et militaire et mes servi-
« teurs. On ne récompense pas le dévouement
« avec de l'argent; mais à présent, c'est tout
« ce qui me reste à donner... Dites-leur bien
« que c'est un souvenir que je laisse à cha-
« cun en particulier comme une attestation de
« leurs bons services. Veillez, Caulaincourt,
« à ce que ces dispositions soient exécutées. »

« Je l'assurai que je suivrais religieusement
ses ordres.

« Dans quelques jours je serai établi dans ma

« souveraineté de l'île d'Elbe... » reprit-il
« avec amertume, « j'ai hâte d'y respirer...
« J'étouffe ici... J'avais rêvé pour la France
« de grandes et magnifiques choses... Le
« temps m'a manqué... Le concours de tous
« m'était nécessaire, ils me l'ont refusé... Je
« vous l'ai dit à Duben, Caulaincourt, la
« nation française ne sait pas supporter les re-
« vers. Ce peuple, le plus brave, le plus in-
« telligent de la terre, n'a de persistance que
« pour voler au combat, la défaite le démo-
« ralise... Pendant seize ans, les Français ont
« marché avec moi de conquête en conquête,
« une seule année de désastres a fait tout ou-
« blier; a tout englouti !! »

« Il soupira profondément. « La manière
« dont je suis traité est infâme... Eh quoi !... »
dit-il en s'animant, « on me sépare violem-
« ment de ma femme et de mon fils ! Dans
« quel code barbare trouve-t-on l'article qui
« dépouille un souverain de ses qualités de
« père et d'époux ? en vertu de quelle loi sau-
« vage s'arroge-t-on le droit de disjoindre ce
« que Dieu a joint? L'histoire me vengera !
« elle dira : Napoléon soldat, vainqueur, fut
« clément et généreux dans la victoire; Na-

« poléon vaincu a été traité avec indignité
« par les vieilles monarchies de l'Europe... »

« De larges gouttes de sueur inondaient son front, son agitation croissait de moment en moment. Il me faisait un mal affreux. « Sire, » interrompis-je, « mon zèle, tous mes efforts
« tendront à faire cesser cette séparation impie.
« Cette cause est celle de tous les pères de fa-
« mille, de tous les citoyens...

« — C'est un parti pris. Ne voyez-vous pas
« que si l'on n'ose pas me faire sauter la cer-
« velle d'un coup de pistolet, on m'assassine
« lâchement ? Il y a mille moyens de donner la
« mort...

« — Sire, au nom du ciel, calmez-vous ;
« Votre Majesté doit compter sur moi. Je
« verrai l'empereur d'Autriche à son arrivée
« à Paris ; de son côté l'Impératrice me se-
« condera ; elle voudra se réunir à vous. Es-
« pérez, Sire, espérez ! »

A mesure que je parlais, sa physionomie s'éclaircissait. Son cœur mort aux douces émotions venait de retrouver une espérance.

« — Vous avez raison, Caulaincourt, ma
« femme plaidera auprès de son père notre
« cause commune... Ma femme m'aime, je le

« crois; elle n'a jamais eu à se plaindre de moi;
« il est impossible que je lui sois devenu in-
« différent. Louise a des goûts simples; elle
« est douce, raisonnable; elle préférera le toit
« de son mari à l'aumône d'un duché... Et à
« l'île d'Elbe, je puis encore être heureux
« avec ma femme et mon fils. »

« Et moi, » dit le duc, « j'avais l'âme bri-
sée; je considérais avec admiration Napoléon
survivant à tant de grandeurs, se réconciliant
avec la casanière vie du repos; lui, qui avait
rempli le monde de son nom et de ses exploits,
à quarante-quatre ans, allait achever dans
l'exil une carrière si magnifiquement remplie!!

« L'Empereur parcourait à grands pas son
cabinet; une idée fixe s'était emparée de son
esprit, et ses impressions toujours vives et
ardentes adoptaient avec passion les projets
qu'il enfantait. Qui sait? si Napoléon eût été
réuni à sa femme et à son fils, peut-être la
France n'eût pas eu à déplorer les malheurs
des cent-jours, et plus tard la captivité et la
mort du héros!

« Mais cet espoir, qui venait d'adoucir de
si cruelles blessures, je ne le partageais pas...

— Brisons là... J'ai essayé cette négociation, j'ai pressé, j'ai supplié, et je n'ai été secondé ni aidé par personne...

« L'irritation de l'Empereur était calmée. Il me parla sans aigreur des affaires actuelles par rapport au pays. Il récapitula avec une grande modération les difficultés qui rendraient impossible la stabilité du nouvel ordre de choses ; il analysa les éventualités qui devaient surgir de l'absurde combinaison qui rétablissait les Bourbons sur le trône. « Entre les vieux
« Bourbons, » dit-il, « et les nouveaux Fran-
« çais, il y a incompatibilité d'humeur... L'a-
« venir est gros d'événements... Caulaincourt,
« vous m'écrirez souvent ; vos lettres m'aide-
« deront à me passer de vous... Le souvenir
« que j'emporte de votre conduite envers moi
« me reconcilie avec l'espèce humaine... Vous
« êtes le plus parfait des amis... » Il me tendit les bras, je m'y précipitai... J'étais fou de douleur.

« Il faut nous séparer, mon ami... Demain
« encore j'aurai besoin de tout mon courage
« pour quitter mes soldats... Brave, admira-
« ble garde !... fidèle et dévouée dans ma

« bonne comme dans ma mauvaise fortune...
« Demain, je lui ferai mes adieux!... Enfin...
« c'est le dernier sacrifice qui me reste à faire. »
Puis il ajouta avec un accent brisé par l'émo-
« tion : « Caulaincourt, nous nous reverrons
« un jour, mon ami... » Et il s'élança hors de
son cabinet.

« J'étais à une lieue de Fontainebleau, sur
la route de Paris, » continua le duc d'une voix
altérée, « lorsque je pus me rendre compte
comment et pourquoi je m'y trouvais. En sortant du cabinet de l'Empereur, sans savoir ce
que je faisais, je m'étais jeté dans ma voiture,
qui m'attendait au pied du grand escalier.

« Je ne pouvais plus m'abuser, tout était
accompli! J'éprouvai à ce moment tout ce que
la douleur a de plus poignant. Il me semblait
que jusqu'alors je n'avais pas encore mesuré
toute la profondeur de l'abîme. Jamais je n'a-
vais mieux apprécié la valeur personnelle de
Napoléon; jamais il ne m'avait apparu plus
grand qu'à cet instant où il allait disparaître
exilé de notre France... Je voyais en lui la victime expiatoire choisie entre nous tous pour
racheter le crime de nos vingt années de gloire

et de conquêtes, et mes regrets cuisants le suivaient dans cette chétive souveraineté de l'île d'Elbe.

« J'étais indépendant, par ma fortune, des bouleversements de l'Empire; j'étais fatigué des hommes et des choses; j'avais soif de repos; mais le repos sans *lui!* c'était la ruine de toutes les belles illusions qui donnent du prix à l'existence. Je ne comprenais pas comment j'arrangerais ma vie désormais décolorée et sans but. Je rêvais des voyages lointains, des travaux d'esprit, des occupations forcées qui pussent remplir le vide de mon cœur, de tous mes instants. J'interrogeais l'avenir, et dans l'avenir était inscrit en lettres de sang... Waterloo!!! »

CHAPITRE VI.

« Après le départ de l'Empereur, je m'occupai de tout ce qui avait rapport à l'exécution immédiate du traité. Je mettais plus que du zèle à l'accomplissement de ce devoir; dans l'insistance soutenue que j'apportais à suivre ces tristes affaires, il y avait aussi un besoin réel de m'étourdir. J'éprouvais cette fièvre de l'âme qui ne s'apaise que dans une activité dévorante. Mes plus tristes prévisions ne m'avaient pas préparé à l'épouvantable péripétie qui venait d'anéantir l'édifice élevé par de si merveilleux travaux.

« Pour ceux qui, par ambition ou par affectation, se rattachaient au nouveau gouvernement, il n'y avait de changé en France qu'un nom, qu'un homme; pour moi, ce nom, cet homme, c'étaient la personification de la France régénérée, et je ne la comprenais pas dans un état de choses en opposition flagrante avec tous nos intérêts, avec toutes nos sympathies. Je ne comprenais pas davantage la patrie dans ce sol foulé par une nuée d'étrangers armés, installés en maîtres dans nos villes, dans nos rues, dans nos hôtels, dans nos campagnes, dans nos villages, dans nos châteaux, dans nos chaumières. Cette occupation du pays par six cent mille ennemis arrachait aux hommes de cœur leur dernière illusion, sur la pensée qui avait présidé au choix des Bourbons pour gouverner la France. Nous n'étions plus, hélas! que les tributaires à merci de la coalition ivre de ses derniers et faciles succès. Le gouvernement de fait, et celui qui avait succédé à l'Empire, n'étaient, d'après mes impressions, qu'une transition à je ne sais quelle autorité constituée. En un mot, mon esprit ne pouvait s'accoutumer à prendre au sérieux cette grande comédie de la restauration.

« J'ai eu à ce sujet de singuliers entretiens avec l'empereur de Russie. Personne mieux que lui n'accordait à un interlocuteur plus de liberté pour exprimer ses sentiments, et nous avons quelquefois retrouvé des fous rires en causant des facéties jetées en pâture aux gobe-mouches. Malheureusement tout n'était pas plaisant dans cette parade gouvernementale.

« L'empereur de Russie avait des idées très-avancées, et puis enfin il était jeune, il était de son siècle, lui! Il avait admiré de bonne foi Napoléon et son immense génie; notre prodigieuse armée avait été le type sur lequel il s'était efforcé de façonner la sienne, et, dans le cœur d'Alexandre, en dépit de tout, il s'élevait un généreux regret, en comparant ce qu'il avait vu avec ce qu'il voyait.

« C'est que réellement il se passait sous nos yeux d'étranges choses. Nous autres contemporains, nous avons vu Louis XVIII faire son entrée à Paris dans une petite calèche basse, découverte, revêtu d'un costume bizarre n'appartenant à aucun pays, et dont deux épaulettes énormes indiquaient seules l'intention militaire... Auprès de lui une femme désolée; c'était Mme la duchesse d'Angoulême, suffoquée par les larmes que lui arrachaient les plus horribles souvenirs!... En face, le vieux prince de Condé et le duc de Bourbon costumés militairement, à l'antique mode du temps de l'émigration... Dieu me garde de jeter un ridicule sur la vieillesse et le malheur ! Si cette voiture eût parcouru les rues de Paris escortée à l'avenant, par les amis et les serviteurs de la famille rappelée, rien n'aurait été plus simple. Ce cortége eût offert à la foule ébahie une tradition vivante de l'ancien régime personifié dans les Bourbons qui lui étaient rendus ; il n'y aurait eu rien là qui blessât les convenances. Mais cette voiture précédée, entourée, suivie de la garde impériale, était un de ces paradoxes dont l'explication est au-dessus de la portée du sens commun. Louis XVIII entrait dans Paris escorté par la fidèle et dévouée garde de Napoléon, dont les uniformes flétris et usés accusaient les fatigues de la gigantesque lutte où ces intrépides soldats avaient prodigué leur sang pour repousser tout ce qu'à cette heure il leur fallait accepter !!!

« Quelle contenance morne ! Quels regards sombres et menacants ils jetaient autour d'eux ! Quelle expression de fier dédain se peignait sur ces figures bronzées, en réponse aux frénétiques démonstrations de l'inconstance parisienne !

« Oh ! sans doute Rome avait souvent vu

passer le char d'un vainqueur orné de dé-
pouilles, entouré des gardes d'un ennemi
vaincu ; mais nous n'étions pas à Rome, nous
étions à Paris où le vainqueur n'avait vaincu
personne... Encore un peu de temps et ces récits paraîtront mensongers !

« Alexandre fut frappé de cette déshar-
monie entre les lieux et les personnes ; de ce
disparate entre l'ancien et le nouveau, de cet
amalgame de ce qui fut avec ce qui était. Le
temps, dans une période de vingt-deux années,
avait renouvelé les hommes, les opinions, les
choses, les intérêts, les institutions, et le vieux
roi, en s'éveillant à Paris, jeta un long regard
d'étonnement autour de lui, ne reconnaissant
ni les hommes, ni les opinions, ni les choses,
ni les intérêts, ni les institutions. « A moi, »
se dit-il, « mes bonnes vieilles figures amies,
pour lesquelles je ne suis pas un étranger dans
mon royaume de France ; à moi ces anciennes
coutumes qui sont miennes ; à moi des gardes-
du-corps, aux habits galonnés, noble livrée
de mes ayeux ; à moi les mousquetaires rouges,
gris, noirs, qui se sont distingués sous mes
ancêtres. Ces éclatants uniformes auxquels je
fus accoutumé, reposeront mes yeux de ces

bleus, satellites de la république et de l'empire, qui, pendant vingt ans, m'ont fermé toutes les avenues de mes états.

« Et l'armée en masse fut honnie, maltraitée, licenciée. On répudia sa gloire; on méconnut les plus beaux services; on cracha sur de nobles cicatrices; on livra à la misère ceux qui avaient conquis des milliards à la patrie ; sous les yeux rougis des fiers grenadiers de Napoléon, on fit parader la brillante maison du roi.

« Mais dans ces poitrines affamées battaient des cœurs de lion... et le mois de mars suivant dispersa dans un ouragan les frelons dorés qui servaient d'ornements à la cour du vieux roi !

« A la seconde rentrée des alliés, en 1815, nous nous entretînmes souvent de 1814 avec l'empereur Alexandre. « Il y a eu bien des « fautes de commises ! » me dit-il un jour.

« — Oui, sire, » répliquai-je vivement, « et *un seul* a payé pour tous... — Mon cher « duc, » interrompit Alexandre d'un air soucieux, « chacun portera la peine de ses œu- « vres, je le crains... Ces gens-ci sont incapa- « bles..... nous nous sommes trompés. Dieu

« veuille que dans un temps très-rapproché,
« la paix si chèrement conquise par nous tous
« ne soit pas encore remise en question. »

« Je vous l'ai dit, » continua le duc de Vicence, « j'ai dû à l'empereur de Russie, en 1814 et, ensuite, en 1815, d'échapper aux persécutions et aux poursuites dont j'ai été l'objet. Je n'ai jamais réclamé son appui ; mais on savait qu'il m'accorderait une éclatante protection et l'on n'osa pas dépasser certaines bornes. Il eut plus d'une fois à s'expliquer vertement avec *qui de droit*, lorsqu'après les *cent jours* des mesures violentes furent arrêtées contre moi.

« Sire, « dit-il à Louis XVIII, » j'ai pro-
« posé à M. le duc de Vicence, en témoignage
« de l'estime particulière que je fais de lui, une
« brillante existence dans mes états ; il m'a re-
« fusé. On croirait, » m'a-t-il répondu, « que
« je fuis les dangers de ma nouvelle position, et
« qu'après m'être dévoué à la cause de Napo-
« léon, je recule devant les conséquences de
« ma conduite. Je veux porter ma vie passée,
« la tête haute parmi mes concitoyens. L'ap-
« probation publique me dédommage de l'in-
« justice du pouvoir.

« — Il serait curieux, » dit Louis XVIII, en feignant de rire, « que le grand écuyer de « M. Bonaparte (c'était toujours ainsi qu'il « me désignait) crût que nous lui devons des « remerciements.

« — Votre Majesté sait, » répondit Alexandre piqué, « que l'Evangile dit qu'on ne peut « servir deux maîtres. Le duc de Vicence n'a « ambitionné que les remerciements du maî-« tre auquel il est resté fidèle.

« — Grand bien lui fasse donc ! » répartit le roi d'un ton sec.

« Bien attaqué, bien défendu, » dis-je en riant à l'empereur Alexandre. Et je lui demandais pourquoi il entretenait à mon sujet cette petite guerre avec son frère de France, dont je ne recherchais ni les faveurs ni les bonnes grâces. Plus tard, je vous dirai comme quoi Alexandre, pour son propre compte, n'avait pas lieu d'être content de Louis XVIII.

« Oh ! c'est qu'il y a en moi, mon cher duc, » répondit-il, « quelque chose qui se révolte « contre une prévention stupide. L'attache-« ment, le dévouement à un souverain mal-« heureux sont-ils donc choses si vulgaires

« que nous autres rois n'en devions être pro-
« fondément touchés?

« — Sire, votre majesté prêche dans le dé-
« sert, elle n'est pas comprise.... Ma conduite
« pendant les affaires de Fontainebleau est une
« faute qui ne me sera pas remise, et j'ai
« trop de fierté pour rechercher une absolu-
« tion dont je n'ai pas besoin. »

« Mais revenons, reprit le duc, à 1814, à
cette époque où, après des dégoûts et des tra-
casseries de tout genre, j'arrachai pied à pied
l'exécution des articles qui étaient susceptibles
d'être immédiatement exécutés, soit pour les
braves Polonais, soit pour Napoléon et sa famille. Pour le reste, je réclamai les garanties
que je pus exiger ; mais à quoi servent les garanties contre l'improbité? Les engagements
les plus sacrés ont été lâchement niés.

« Lorsque j'eus rempli autant qu'il était en
moi le mandat dont m'avait honoré la confiance de l'Empereur, je quittai Paris et je me
retirai à la compagne. Ma santé, à laquelle je
n'avais pas songé pendant cette effroyable tour-
mente, était fort altérée. Déjà j'éprouvais là, »
dit-il en portant la main sur la place mortelle qui

dévorait lentement sa vie, « j'éprouvais là une douleur intense qui ne devait plus me quitter... Ce calme qui succédait à tant d'agitations me reposait l'esprit et le cœur, et je tournais avec quelque douceur mes regards vers l'Italie... Un autre affligé, lui aussi, goûtait le bien-être du repos! et c'était presque du bonheur après tant et de si cruelles secousses.

« Je recevais fréquemment des nouvelles de l'île d'Elbe. L'Empereur supportait avec un héroïque courage la perte du plus beau trône de l'univers. Dans une de ses lettres il me disait: « Il est moins malaisé qu'on ne le croit
« de s'acclimater à une vie recueillie et paisi-
« ble, lorsqu'on a en soi quelque ressource
« pour utiliser ses heures. Je travaille beau-
« coup dans mon cabinet, et quand je sors,
« j'ai des instants heureux en retrouvant
« mes braves grenadiers. Ici ma vue ne se
« heurte pas sans cesse contre des souvenirs
« pénibles. »

« Dans une autre je trouve le passage suivant, qui porte le cachet de cette merveilleuse nature.

« Le sort d'un roi détrôné, né roi et rien
« de plus, doit être affreux. Les pompes du

« trône, ces hochets qui le prennent dans les
« langes, qui l'accompagnent pas à pas dans
« la vie, deviennent une des conditions obli-
« gées de son existence. Pour moi, soldat tou-
« jours, roi par hasard, les mollesses de la
« royauté ne m'ont jamais été qu'une lourde
« charge. Les fatigues de la guerre, la rude
« vie des camps allaient à mon organisation,
« à mes habitudes, à mes goûts. De mes gran-
« deurs passées je ne regrette que mes soldats;
« et de tous les joyaux de ma couronne, ces
« quelques uniformes français qu'on m'a laissé
« emporter sont ce que j'ai sauvé de plus pré-
« cieux. »

Le duc cessa de parler..... Comme je comprenais la religieuse impression de ses souvenirs!

Il reprit: « Je n'ai pas été initié au retour de l'île d'Elbe, et, d'après la connaissance que j'ai du caractère de Napoléon, je suis convaincu que ce hardi projet a été exécuté aussitôt que conçu. L'Empereur fut abusé par des relations non pas mensongères, mais irréfléchies, de la part de gens qui n'étaient pas placés de manière à pouvoir juger l'opportunité de cet acte immense.

« Le gouvernement faisait fausse route, il se fourvoyait dans des institutions mixtes qui ne contentaient ni l'ancien ni le nouveau régime. Il fallait le laisser s'user dans son incapacité. Il fallait que les puissances pussent apprécier les dangers sans cesse renaissants qui résulteraient pour la tranquillité de l'Europe de la nullité des gouvernants qu'elles avaient donnés à la France.

« Les Bourbons ne comprenaient pas ce qu'avait si bien compris Henri IV, c'est qu'ils n'avaient rien à craindre de leurs amis et tout à redouter de leurs ennemis. Et ces ennemis, on en augmentait le nombre chaque jour avec une incroyable imprévoyance.

« J'exprime ici consciencieusement mon opinion dépouillée de tout ressentiment. Comme hommes privés, les Bourbons possèdent de l'élévation, de la noblesse et un grand fonds de bonté. Comme souverains, leur nom est usé, leur race est épuisée...

« La famille des Bourbons appelée à gouverner l'Allemagne ou la Hollande, eût régné paisiblement sur ces peuples froids et religieux. La famille des Bourbons, dans les conditions où elle se trouve placée vis-à-vis de la

France, ne s'y établira jamais que passagèrement.

«En 1814, je suivais attentivement la marche du pouvoir, et il était facile de prévoir que dans un temps assez rapproché il succomberait sous ses propres coups. La nouvelle du débarquement de l'Empereur me consterna.... c'était trop tôt. Cette faute vint briser mes dernières espérances... L'Empereur m'a dit le 20 mars, aux Tuileries, que le succès de sa témérité était un retour de cette mystérieuse destinée qui l'avait gâté pendant tant d'années. Et moi, je ne vis que l'accomplissement d'un de ces terribles décrets du destin qui précipitent vers l'abîme les trônes, les rois et les nations!

« Je reçus, par un courrier venu de Lyon en trente-deux heures, un court billet de l'Empereur, ainsi conçu : « Le succès a tout justi-
« fié. J'ai reconquis la France et les Français.
« Dans huit jours je serai à Paris.
« Lyon, 10, minuit. »

« Il faut bien le dire, » reprit le duc en souriant, « en dépit de mes sombres appréhensions, j'étais heureux, oh! heureux! Cette marche triomphale de Napoléon à travers la France gonflait d'orgueil le cœur de ses amis.

C'était encore l'élu du peuple! l'homme aux merveilles, dont la prestigieuse présence opérait des prodiges!

« L'histoire, en disant cette belle phase de la vie de Napoléon, ne s'élevera jamais à la hauteur de son sujet. C'est en traits de feu qu'il faudrait retracer le grandiose de l'ovation populaire qui porta le proscrit, de bras en bras, du golfe Juan au palais des Tuileries! Les siècles désormais verront passer les rois sans s'émouvoir... L'amour, le dévouement, l'admiration que le peuple français peut porter à son souverain est scellé dans la tombe de Napoléon!!!

« J'avais été au-devant de l'Empereur, que je rejoignis près de la barrière de Fontainebleau. Il était escorté par les populations, par les troupes qui avaient été envoyées au-devant de lui pour le combattre, pour lui *courir sus*. C'était un touchant spectacle que ce cortége improvisé qui se grossissait de tout ce qui se trouvait de soldats sur son passage. Toutes les figures étaient radieuses et jamais la physionomie de Napoléon, aux plus beaux jours de ses triomphes, n'avait exprimé tant de bonheur. En m'apercevant il avança vivement la

main : « Caulaincourt !... Eh bien ! eh bien !
« me voilà ! » Mais moi je ne pouvais parler !
« Allez m'attendre aux Tuileries, » ajouta-
t-il avec émotion ; « allez, allez, Caulain-
« court ! »

« Je me mêlai au cortége et, seulement un
peu avant d'arriver au Carrousel, je devançai
l'Empereur. Il n'était pas facile de traverser
la foule qui se ruait aux abords du château, où
il fut porté par la multitude jusqu'en haut du
grand escalier.

« Et c'était chose curieuse de retrouver là,
dans les salons des Tuileries, la plupart des
déserteurs des salons de Fontainebleau. Presque tous les anciens ministres, presque tous
les maréchaux se pressaient autour de l'Empereur... A part moi ; je réfléchissais que dans
beaucoup de circonstances l'impudence est un
moyen... L'audace tient lieu, à certaines gens,
d'une justification impossible.

« J'examinais la figure de Napoléon. Il y
avait une nuance de dédain dans l'expression
de son regard ; mais sa bouche ne proféra que
des paroles affectueuses. Son thème était fait
d'avance, il avait *oublié* ce qu'il n'eût pu pardonner.

« La reine Hortense et ses jolis enfants se trouvaient au château. Des larmes de joie inondaient le visage de la reine. Bonne et gracieuse femme ! elle joint aux charmantes qualités de sa mère un esprit vif et pénétrant, une force de caractère très-remarquable. L'Empereur chérissait tendrement Hortense et Eugène, ce noble Eugène dont aucune tache n'a obscurci la vie, dont la conduite envers Napoléon, avant et après, doit être citée comme un modèle de dignité et de convenance, en regard de tant de lâches ingratitudes.

« Après les premiers moments donnés à l'effusion, l'Empereur, avec son activité ordinaire, s'occupa toute la nuit à faire expédier des ordres, à réorganiser les services et à recomposer son cabinet. C'était prodigieux ! mais il nous avait accoutumés à le trouver infatigable. Dans toutes les occasions où un travail d'esprit occupait son imagination, il ne ressentait ni la fatigue ni le besoin de sommeil ; il disait que vingt-deux heures sur vingt-quatre doivent être utilement employées.

« Au moment où je prenais congé, il me dit : « A demain de bonne heure, Caulain-
« court, » et cela du même ton que si nous

eussions dû terminer un travail commencé la veille.

« J'arrivai vers neuf heures du matin aux Tuileries. Le jardin, les cours, les escaliers, les appartements, étaient encombrés d'une foule ivre de joie : c'était un brouhaha à ne pas s'entendre. Du dehors, des acclamations furieuses appelaient l'Empereur qui se montrait de temps en temps; mais il y avait quelque chose de forcé dans sa contenance : il n'aimait pas ces sortes de parades révolutionnaires...

« Les grenadiers de l'île d'Elbe, qui avaient fait près de deux cents lieues en vingt jours avec Napoléon, étaient successivement arrivés de Fontainebleau, où l'Empereur leur ordonna un jour de repos, dans la nuit du 20 au 21. Ils bivouaquaient dans la cour des Tuileries, et rien ne peut peindre l'expression orgueilleuse qui était répandue sur les martiales figures des *privilégiés*. Leur Empereur devait passer la revue à midi, et, quoique harassés de fatigue, et la plupart sans chaussures, les pieds déchirés, il fallait les voir s'industrier pour tâcher de se faire beaux.

» A cette revue admirable d'enthousiasme, d'élan, de pêle-mêle, de fraternité entre les chefs et le soldat, à cette revue enfin, un bien petit épisode passa inaperçu pour beaucoup de gens, et me frappa vivement par la couleur locale qui lui donnait un charme infini.

« Tous les alentours du palais étaient couverts de troupes. Il semblait qu'à la baguette du grand enchanteur elles fussent sorties de dessous terre. Les régiments envoyés pour combattre Napoléon et qui la veille se trouvaient à vingt ou trente lieues de la capitale, arrivaient d'instants en instants, enseignes déployées, musique en tête, et se rangeaient sur la place du Carrousel déjà occupée par l'armée de Paris, commandée, deux jours avant, par M. le duc de Berry.

« Napoléon à pied, entouré d'un état-major *redevenu* immense, descendit à midi, harangua les troupes et parcourut le front de tout ce qu'il y avait là de régiments. Il eut pour tous de ces à-propos, de ces paroles qui électrisent les hommes et enlèvent les masses. Groupés dans un coin, les grenadiers de l'île d'Elbe, magnifiques du délabrement de leurs uniformes, de l'épuisement empreint sur leurs mâles figures, attendaient que leur tour arrivât d'être passés en revue par leur Empereur. A son arrivée près d'eux, une explosion de cris impossible à décrire, accueillit Napoléon, qui y répondit seulement par un sourire et des signes de tête affectueux. Une vieille moustache dont les yeux brillaient comme des escarboucles sous son vilain bonnet à poil, mécontent sans doute du mutisme de Napoléon, se prit à dire en grommelant :

« Diantre, c'est bref! Il paraît qu'il s'est
« enroué à force d'en dire aux *autres;* il n'y
« en a eu que pour eux ! »

« L'Empereur l'entend, se retourne, s'arrête droit, et avec un air, un accent, une manière qui n'étaient qu'à lui : « Je vous con-
« seille de vous plaindre, *vous autres!*... Est-
« ce que vous ne revenez pas de l'île d'Elbe
« avec moi ? » Puis il continue son chemin.

« Tous les bonnets sautaient en l'air, des cris, des hourras délirants l'accompagnèrent à perte de vue.

« Dans ce simple trait est expliqué le fabuleux pouvoir que Napoléon exerça sur l'armée, et l'inépuisable enthousiasme qui s'attache à son souvenir.

« L'Empereur employa toute la journée à expédier des courriers, à reconstruire le gouvernement, car, disait-il, ils ont tout bouleversé : c'est à tout recommencer sur nouveaux frais.

« A la fin de la soirée, la lassitude le força de prendre quelque repos. Il s'enferma dans son cabinet, et, pour la première fois, depuis son arrivée, nous restâmes seuls. Il était assis près de la cheminée, les pieds appuyés sur les chenets, les bras croisés, et d'une humeur charmante : « Vous avez dû être bien étonné,
« monsieur le diplomate ? » me dit-il en goguenardant.

« — Oui, Sire.

« — J'en suis fâché pour votre excellence,
« mon pauvre Caulaincourt ! vous voyez que
« les ambassadeurs coûtent beaucoup d'ar-
« gent, et ne servent pas à grand'chose : il
« vaut mieux faire soi-même ses affaires. »
Et il se frottait les mains d'un air moqueur.

« — Votre manière est plus expéditive, Sire, » répondis-je en riant.

« — Tout cela est bel et bon; mais nous
« avons sur les bras des monceaux d'affaires,
« parlons-en.

« Et d'abord, décidément il faut que vous

« repreniez le portefeuille des relations exté-
« rieures.

« — Sire, je vous ai demandé du service ac-
« tif dans l'armée; les circonstances, je le
« crains, mettront Votre Majesté dans le cas...

« — Vous m'avez parlé de Molé, » interrompit-il en suivant sa pensée; « je n'en veux
« point, et lui probablement ne s'en soucie
« guère; il n'est pas assez compromis dans ma
« cause pour s'y fourrer jusqu'au cou, jus-
« qu'à nouvel ordre, au moins... Je sais mon
« monde, voyez-vous? Et puis, il ne me serait
« bon à rien aux relations extérieures, il ne
« connaît pas les cabinets, et n'en est pas
« connu. C'est une idée saugrenue que vous
« avez eue là?

« Il n'y a que vous, que vous seul, Caulain-
« court, qui puissiez me servir utilement dans
« ce poste. Les dernières négociations de
« Fontainebleau vous ont bien placé sous tous
« les rapports. Et pardieu! vous n'avez pas
« cessé effectivement d'être mon ministre des
« relations extérieures. Finissons cela. Il faut
« écrire à Metternich, il faut renouer des né-
« gociations avec l'Autriche : c'est de ce côté

« que nous devons attendre quelque facilité
« pour arranger nos affaires avec l'Europe.

« — Sire, mon dévouement vous est acquis;
« je reprendrai le portefeuille, mais je ne
« partage pas la confiance de Votre Majesté
« sur le concours que nous accordera l'Au-
« triche.

« — Ah bah! c'est là votre dada, » dit-il
en se levant avec impatience; « et pourquoi
« l'Autriche ne me seconderait-elle pas? J'ai
« proclamé la paix sur toute ma route; je l'ai
« promise; je tiendrai ma parole autant qu'il
« dépendra de moi... Les circonstances sont
« impérieuses, je reconnaîtrai le traité de Pa-
« ris; je puis accepter aujourd'hui ce à quoi je
« ne pouvais consentir à Châtillon sans ternir
« ma gloire... Il a convenu à la France de faire
» des sacrifices; c'est un fait accompli; mais
« il ne me convenait pas à moi de la dépouil-
« ler, pour conserver la couronne. Je prends
« les affaires du pays dans l'état où elles sont;
« je veux la continuation de la paix; il est dans
« la saine politique des puissances de ne pas
« rallumer le feu.

« J'ai écrit à l'Impératrice (je fus surpris
de cette dénomination inusitée dans la bouche

de l'Empereur, qui constamment disait: ma femme ou Louise); elle obtiendra de son père
« de se réunir à moi... Quelle raison aurait-on
« à opposer? Je ne reviens pas avec des inten-
« tions hostiles. J'ai traversé la France sans
« brûler une amorce; je ne veux pas recom-
« mencer la guerre.

« — Sire, il faudrait faire passer cette con-
« viction dans l'esprit des souverains alliés.
« Cette difficulté domine toute la question.
« Et l'Europe est encore en armes.... »

Il réfléchit. « Je vous comprends... je vous
« comprends, Caulaincourt. Mon retour,
« croyez-le bien, n'est pas un coup de tête de
« sous-lieutenant... Ces gens-là me trouvaient
« trop près... et le rocher de Sainte-Hélène
« est un lieu sûr... N'avez-vous rien su de ces
« projets?

« — Non, Sire, et je parierais que cette
« atrocité n'a germé que dans la tête de quel-
« ques misérables que rien ne peut rassurer.
« Il y a une infernale combinaison dans ce
« piége tendu à Votre Majesté.

« — Un piége! un piége! » Il arpentait à grands pas son cabinet. « La France est-elle
« donc devenue une caverne de voleurs? »

Après quelques instants de méditation il reprit : « Le sort en est jeté ! Je ne suis point
« venu pour bouleverser, mais pour réédifier ;
« je veux donner à la France des institutions
« fortes, en harmonie avec ses nouvelles
« idées.... De folles utopies ont germé dans
« les cervelles pendant mon absence, et il est
« bien remarquable que ce soit sous le règne
« des Bourbons que les factions révolution-
« naires aient ressuscité ces fallacieuses théo-
« ries qui mettent les mots à la place des cho-
« ses... Ces rois *anglaisés* m'ont fait perdre
« en dix mois dix années employées à domp-
« ter la révolution... Ils ont rendu tout gou-
« vernement impossible entre les mains d'un
« seul, et ce n'est qu'ainsi cependant qu'un
« souverain, roi, empereur ou dictateur,
« comme on voudra le désigner, ce n'est
« qu'ainsi que celui qui gouverne peut la gloire
« et la prospérité du pays. N'est-ce pas votre
« opinion, Caulaincourt?

« — Sire, votre position est hérissée de
« grandes difficultés. Oui, les Bourbons vous
« ont gâté votre France, façonnée à une domi-
« nation absolue mais habilement dissimulée
« à travers les merveilles de toutes sortes avec

« lesquelles vous avez enivré les Français. Au-
« jourd'hui le prisme qui a enfanté cette sou-
« mission inouie est brisé, et ainsi que le pré-
« voit Votre Majesté, elle rencontrera des obs-
« tacles à vaincre là où elle était accoutumée
« à trancher les questions, sans qu'il fut même
« nécessaire de les soumettre à l'opinion pu-
« blique.

« — En reprenant le timon des affaires il
« faut en supporter les charges... Tout s'ar-
« rangera dans l'état de paix, » répliqua-t-il vivement. « Il faut courir au plus pressé; écri-
« vez en Autriche. Votre participation dans
« ces négociations est une autorité.... On sait
« que vous avez toujours incliné pour la paix...
« ce n'est pas votre faute, ce n'est pas la
« mienne non plus, si les choses ont été pous-
« sées à ces extrémités... »

« Tout ceci », me dit le duc en souriant, » est bien grave pour vous, madame ; mais je n'ai plus à vous raconter de ces *choses* de Napoléon qui allaient à votre cœur, qui exaltaient votre admiration sur les beaux temps de l'Empire.

— Qu'y faire? » répondis-je, « nos bons jours sont passés. L'histoire n'est pas un roman dont l'auteur arrange à son gré les combinaisons. Mais cette histoire est la nôtre, et Napoléon est encore placé en relief sur le premier plan du tableau : vous voyez bien que mon intérêt ne peut diminuer. Dites, dites toujours ; ce que je ne comprends pas bien à présent, je le méditerai.... je n'oublierai rien...

— Cette conversation est très-remarquable, » continua le duc, « en ce qu'elle répond victorieusement aux absurdes calomnies que vous aurez lues et entendues débiter sur les intentions guerroyantes qu'aurait eues Napoléon en rentrant en France. Tout est exact dans ce récit dont je vous dis l'esprit et, j'oserais presque affirmer, les propres paroles de l'Empereur. En sortant de son cabinet, j'aurais voulu les faire placarder sur tous les murs de Paris, les faire publier à son de trompe par les places et carrefours. Si la nation entière eût été convaincue du désir sincère qu'avait Napoléon de conserver la paix, il n'eût pas été au pouvoir des puissances de la lui refuser, sous peine d'avoir trente-deux millions d'hommes à combattre ! ceci est positif. Malheureusement, à l'exception de l'armée et du peuple, parmi les gens qui ne comptent pour rien l'intérêt national, quand il gêne leurs intérêts privés, on ne voyait dans le retour de Napoléon que le retour de la guerre ; et cette panique, traîtreusement exploitée par le parti anti-français, créait une incessante opposition d'inertie contre laquelle sont venus se briser les efforts et le dévouement de l'armée.

« Dans l'intérieur du cabinet il se passait quelquefois des choses très-plaisantes. La marche de l'Empereur avait été si rapide que beaucoup d'adresses au roi arrivèrent en même temps que celles envoyées à Napoléon, qui prenait un malin plaisir à faire remarquer les signatures de préfets ou autres autorités qui, jadis, avaient été comblés par lui. « Voilà bien « les hommes ! » disait-il avec un sourire de pitié, « il faut en rire pour n'en pas pleurer. »

« Indépendamment des corrsepondances officielles, arrivaient des quantités de lettres ; les unes renfermaient des avis et des conseils, les autres accusaient des complots contre la vie de Napoléon, d'autres enfin renfermaient des déclarations d'amour. Les premières allaient impitoyablement dans les corbeilles de rebut. Napoléon se souciait peu en général des conseils et des avis qu'il ne demandait pas, et il ne faisait aucun cas des dénonciations d'atten-

tats contre sa personne. « Celui qui voudra
« jouer sérieusement sa vie contre la mienne
« ne prendra pas des confidents, » répondait-il
en haussant les épaules, « l'heure de ma mort
« est écrite là-haut. »

« Mais, lorsqu'il était de bonne humeur, il
paperassait avec les billets doux. Dans le
nombre, une petite lettre parfumée, au large
cachet armorié, d'une écriture fine et élégante,
attira son attention; et ma foi! elle eut les honneurs de la lecture jusqu'à la signature inclusivement. En la lisant, la physionomie de Napoléon prit une teinte d'ironie et de coquetterie
qui excita ma curiosité; j'avoue que je fus indiscret et, par dessus l'épaule de mon honoré
maître, je lus aussi... Je ne vous dirai pas le
nom de la belle pécheresse, et cela est généreux de ma part; car depuis, sa jolie bouche
proféra, par ressentiment sans doute, un horrible blasphème. On m'a assuré qu'en apprenant la mort de l'Empereur, madame de ***
dit sèchement : *Morte la bête, mort le venin.*
Ce vieux proverbe, appliqué à cette circonstance, lui fit beaucoup d'honneur dans certains salons. Si j'avais eu la lettre de 1815 entre
les mains, je ne sais en vérité si je ne l'eusse

pas fait insérer dans les journaux, en forme d'appendice à ce spirituel jeu de mots. Imprudente femme !

« Mais je reviens à l'Empereur qui, contre sa coutume, lut et relut cette lettre. Il paraissait flatté, mais indécis; puis il la jeta au feu : « Ah bah ! » dit-il en riant, « je n'ai pas une « heure à perdre. »

Et c'est parce que l'Empereur n'avait pas *une heure à perdre* qu'on lui en garda basse rancune. »

CHAPITRE VII.

« J'avais expédié à Vienne les propositions de l'Empereur; il en attendait avec impatience la réponse, ainsi que celle de Marie-Louise qui n'arrivait pas.

« Il y avait entre nous dissidence complète relativement aux espérances qu'il conservait du côté de l'Autriche, et il avait bien de la peine à contenir l'expression de la contrariété qu'il éprouvait de ne pouvoir me ramener à son opinion. Quelque chose le gênait aussi...

« A la suite d'une discussion assez vive dans laquelle il avait agité cette grande question de l'Autriche : « Mais enfin, » s'écria-t-il, « le
« bon droit est de mon côté. Il est du côté
« de celui qui invoque la paix pour son pays,

« la paix pour l'Europe. S'ils me refusent, je
« les citerai au ban de l'humanité!

« — Puisque je me trouve encore chargé de
« ces négociations, qu'il me soit permis, Sire,
« de dire à Votre Majesté que le décret daté
« de Lyon, qui ordonne la réunion à Paris des
« colléges électoraux, soit pour réviser les ins-
« titutions, soit pour assister au couronne-
« ment de l'Impératrice et du *Roi de Rome,*
« que le dernier paragraphe de ce décret sur-
« tout est un acte très-impolitique.

« — Qu'appelez-vous? (et il se leva vivement.) Prétendez-vous vous ériger en censeur
« de mes actes?

« — Le mot est dur, Sire, pour celui qui
« n'a jamais craint d'exprimer loyalement sa
« pensée, au risque de déplaire à Votre Ma-
« jesté.

« — Que concluez-vous donc de ce dé-
« cret? » dit-il avec une anxiété qu'il ne dé-
guisait plus.

« — Je dis, Sire, que Votre Majesté s'est
« placée dans une fausse position, d'abord en-
« vers l'Autriche qui se trouve compromise
« vis-à-vis des puissances, lesquelles, d'après
« vos paroles officielles, doivent la croire

« d'accord avec vous, et puis envers la France,
« si d'ici à huit jours l'Impératrice n'est pas à
« Paris...

« —Ah! parbleu! je le sais bien!... Mais vous
« imaginez-vous donc que dans une entreprise
« aussi hardie que celle de reconquérir un
« royaume avec six cents hommes, il ne faille
« pas donner quelque chose au hasard, cette
« providence des aventureux?... Mille raisons
« m'ont déterminé à prendre l'initiative sur
« l'arrivée de l'Impératrice... Ne les devinez-
« vous pas?

« — Pardonnez-moi, Sire; j'apprécie par-
« faitement la presque nécessité qui vous a en-
« traîné à risquer ce moyen; mais s'il n'est
« pas justifié par le succès, cette déception
« peut avoir des conséquences incalculables.

« — Alors, » répliqua-t-il avec emportement, « si on me refuse l'impératrice, c'est
« une déclaration de guerre à mort entre la
« France et les puissances. Le peuple français
« saura, cette fois, que je ne suis pas l'agres-
« seur; il sait déjà ce que lui coûte la pre-
« mière invasion, et la France, un moment
« démoralisée, retrouvera sous mes drapeaux
« son énergie et son audace, pour venger

« d'un seul coup son humiliation et ses in-
« jures.

« Savez-vous ce que je délibérais la nuit
« même de mon arrivée? Je délibérais si, avec
« trente-six mille hommes que je puis réunir
« en un clin d'œil dans le Nord, je ne com-
« mencerais pas les hostilités en marchant
« droit sur Bruxelles. L'armée belge n'attend
« que ce signal pour se rallier à mes aigles... »
« Un geste d'incrédulité m'échappa.

« — Mes renseignements sont sûrs, » ajouta-t-il avec humeur. « La vieille animosité de
« la Belgique s'est réveillée contre l'Angle-
« terre dont la Hollande n'est que l'instru-
« ment, et dont la politique a mis le séquestre
« sur Flessingue et Anvers pour les détruire.
« La Belgique se soulève aussi contre la Prusse
« par antipathie de voisinage et de nation.
« Dans ces dispositions, les Belges m'aide-
« raient à chasser ces puissances des provinces
« rhénanes, et je prendrais une position pure-
« ment mais redoutablement défensive, der-
« rière le Rhin.

« — Rappelez-vous, Sire, la conduite de la
« Belgique pendant les événements de 1813?
« Les Belges n'avaient pas à se plaindre des

« Français, dont ils partageaient en frères,
« depuis vingt ans, les emplois et les prospé-
» rités; et, aux jours de nos désastres, les
« Belges appelèrent la Prusse *à leur délivrance;*
« ils lui facilitèrent l'entrée du territoire de la
« Flandre; les Belges chassèrent impitoyable-
« ment les Français établis dans leurs villes;
« ils insultèrent, poursuivirent à coups de
« pierre les autorités françaises jusques hors
« de leurs frontières; les provinces réunies
« résistaient encore au-delà du Rhin, que la
« Belgique avait vilainement renié et aban-
« donné la France. De temps immémorial, ce
« peuple sans nationalité, toujours indompté
« sous le maître qui le gouverne, n'a aucune
» fixité dans ses affections, ni dans ses opi-
« nions politiques. La confiance dans la frater-
« nité de la nation belge fut une des géné-
« reuses erreurs de la France! Sa turbulence,
« son inconstance naturelles la rendent un
« dangereux auxiliaire pour la cause qui se
« l'associe. Dans les circonstances où se trouve
« Votre Majesté, je crois que cette alliance
« serait au moins douteuse... Si l'armée fran-
« çaise pouvait soumettre le pays sans le se-
« cours de ses habitants, oh! alors la foule

« qui répugnerait à se rallier au canon, s'em-
« presserait de se rallier au succès ; mais se
« fier à cet éphémère intérêt né d'une boutade,
« ce serait, je le crains, une faute grave... »

L'Empereur ne m'avait pas interrompu, selon son habitude lorsque nous discutions sur un point contesté. Son impatience s'était calmée, il paraissait réfléchir profondément.
« Vous avez raison, Caulaincourt, » reprit-il,
« les Belges se sont indignement conduits avec
« moi en 1813 et 1814, et, comme vous le
« dites, j'avais tout fait pour leur pays. Pen-
« dant vingt ans j'ai fait exécuter en Belgique
« des travaux dignes des Romains ; les digues,
« Flessingue, Midelbourg, le bassin d'Anvers
« où j'ai jeté des millions, ils devaient tout
« cela à la France. J'avais attaché à ma cour
« les principales familles du pays, pour bien
« établir que je considérais les Belges comme
« faisant partie de la grande famille française,
« et cependant, aux jours de nos désastres, ils
« m'ont lâchement abandonné... J'ai eu moins
« à me plaindre des Hollandais qui, eux, ne
« me devaient rien. Mais il faut prendre les
« choses telles qu'elles sont et non telles qu'on
« voudrait qu'elles fussent. Je sais bien que

« la Belgique se rapprocherait de nous comme
« un pis-aller préférable pour eux aux An-
« glais ou aux Prussiens ; mais, qu'importe,
« si nous en profitons ? Wellington est à
« Vienne, Blücher à Berlin ; les forces an-
« glaises et prussiennes sont faibles, sans
« chefs, et sans places fortes, disséminées sur
« les bords du Rhin... Il y a des chances, de
« très-grandes chances de succès... Je pour-
« rais entrer à Bruxelles le premier avril et
« m'emparer sans coup férir de toute la Bel-
« gique, avant que les puissances que ma té-
« mérité a prises au dépourvu, fussent en
« mesure de me résister..... et cependant je
« sacrifie cette grande combinaison au vœu
« général, j'offre la paix... L'avenir décidera
« si, dans cette circonstance encore, mes inspi-
« rations offraient plus d'éventualité pour sor-
« tir de l'ornière où est engagée la France,
« qu'en s'astreignant aux calculs d'une ri-
« goureuse prudence. »

« Le temps n'était plus, » continua le duc,
« où Napoléon, arbitre souverain des affaires
du pays, en décidait seul. A cette heure il en
avait toute la responsabilité, mais la puissance
d'action lui échappait. Son génie étouffait dans

les entraves de la plus insupportable des tyrannies, celle de la nécessité, de la nécessité qui le contraignait à mendier l'approbation publique si variable dans ses jugements; de la nécessité qui l'obligeait à mettre la volonté et l'intelligence de plusieurs à la place de la ferme volonté et de la haute intelligence d'un seul.

Dans les circonstances exorbitantes où il se trouvait placé en 1815, Napoléon dictateur, chef adoré de la plus dévouée et audacieuse armée qui ait jamais existé, pouvait exécuter des choses fabuleuses. Napoléon, empereur constitutionnel, soumis aux lenteurs de la légalité, à l'hésitation, à la tiédeur des pouvoirs secondaires, devait succomber !

« On a beaucoup reproché à l'Empereur de n'avoir donné qu'un *acte additionnel aux constitutions de l'Empire*, au lieu de la nouvelle constitution qu'il avait promise sur toute sa route. Mais en vérité c'est le comble de l'absurdité que cette récrimination ! D'abord il n'a pas eu le temps, dès les premiers jours de son arrivée, d'être législateur; et, quand bien même, toutes les constitutions du monde n'auraient pas empêché les fous de perdre un temps précieux dans des discussions oiseuses, et les traîtres de livrer une seconde fois la France, tandis que Napoléon, avec l'armée, faisait pour la défendre d'héroïques efforts à Waterloo !

« L'expérience fera justice de ces décevantes théories dont la pratique est impossible, appliquée comme spécimen universel. La Russie, la Prusse et l'Autriche sont des États très-bien régis sans constitutions ; l'Angleterre et la France sont les antipodes par les mœurs et les caractères : le régime de l'une convient-il à l'autre? Le temps décidera cette grande question.

« Je sais bien, » ajouta le duc en riant, « que cette profession de foi me vaudra le titre d'absolutiste, d'impérialiste, que sais-je ? Les impressions que j'ai reçues de l'Empereur ont pu corroborer mon opinion, mais elles ne l'ont pas formée. Je me suis trouvé bien placé pour étudier et juger les gouvernements, et je reste convaincu que les causes de leur prospérité, de leur stabilité et du bonheur des peuples, ne résident pas dans la forme de leurs institutions, mais bien dans la sagesse de l'esprit qui les dirige.

« J'étais aux Tuileries lorsqu'arriva la dé-

pêche télégraphique qui annonçait la capitulation de la Pallu. Presqu'en même temps une seconde dépêche annonça que M. le duc d'Angoulême s'était constitué prisonnier. On a dit qu'on avait eu beaucoup de peine à décider l'Empereur à ratifier la convention, parce qu'il voulait retenir le prince comme ôtage. Cela est faux. L'Empereur, toujours noble, fit écrire à Grouchy de veiller à la sûreté du prince et d'écarter de sa personne tout mauvais traitement jusqu'à son embarquement à Cette, où il devait être conduit. « Je ne veux
« pas, dit-il hautement, qu'il lui soit fait au-
« cun mal; il a fait son devoir de prince. »
Et il n'en reparla plus. Fouché se donna les gants de cette générosité. Il entama une négociation sous le prétexte de la restitution des diamants qui, étant la propriété de l'État, devaient être réintégrés. Il n'était nullement besoin que Fouché s'en mêlât; mais cela lui donnait la faculté de correspondre plus à son aise avec Gand. Fouché fut une des grandes fautes de Napoléon....

« Je fus chargé, par ordre de l'Empereur, de deux négociations assez difficiles. M. le baron de Vincent, ministre d'Autriche, n'avait pas encore quitté Paris, ainsi que M. Boudiakine, chargé d'affaires de Russie. (Entre nous, on ne se pressait pas de leur délivrer leurs passeports...) Je m'arrangeai pour voir dans une maison tierce M. de Vincent que je connaissais du reste beaucoup. C'était un homme doux et modéré; et s'il y avait eu moyen de s'entendre, il aurait prêté les mains; mais il me déclara tout d'abord que la résolution des alliés était contraire à ce que Napoléon conservât le trône, et il ne me laissa aucun espoir que le cabinet de Vienne modifiât, en ce qui le concernait, cette disposition. Il m'engagea néanmoins sa parole, de faire connaître à l'Empereur François, en particulier, les sentiments de Napoléon pour le maintien de la paix; et, cédant à mes vives instances, il se chargea de faire parvenir à Marie-Louise une lettre de l'Empereur. M. de Vincent est un homme d'honneur; je suis convaincu que la lettre a été remise. La réponse n'est pas parvenue.....

« Ce fut là tout ce que j'obtins de cette démarche. Mon entrevue avec M. Boudiakine provoqua une conversation d'un haut intérêt. M. de Jaucourt (qui nous fit tant de mal lors des négociations de Fontainebleau) avait oublié en partant de retirer du portefeuille des affaires étrangères un traité secret entre l'Angleterre, l'Autriche et la France, pour s'opposer en commun, de gré ou de force, au démembrement de la Saxe, que la Russie et la Prusse méditaient. Cette pièce est très-curieuse. Je la mis sous les yeux du ministre russe comme une preuve manifeste de l'ingratitude dont la cour des Tuileries payait l'empereur Alexandre. Boudiakine ne pouvait en croire ses yeux; il contint ses *mines*, mais il était furieux.

« M. le duc, » me dit-il en souriant, « les
« Bourbons, dans le fait, ne doivent pas beau-
« coup de reconnaissance à l'empereur de Rus-
« sie; ils savent bien qu'il a chaudement plaidé
« la cause de la régence; et s'il eût été appuyé
« par l'Autriche, très-probablement Louis
« XVIII n'aurait pas quitté Hartweld...

« — L'autocrate *libéral*, » répondis-je (on appelait ainsi Alexandre, chez le roi et dans le petit comité des fidèles), « si caressé, si fêté,
« était un hôte dont on a été fort aise d'être
« débarrassé.

« — Sans aucun doute; mais mon souve-
« rain n'a jamais pris le change sur les démons-

« trations d'amitié dont on l'étouffait, et rien
« n'était piquant comme les entretiens de
« l'Empereur avec Louis XVIII. Celui-ci
« visait toujours à l'effet et à l'esprit, et l'Em-
« pereur, avec cette finesse de bon goût que
« vous lui connaissez, restait toujours dans
« une attitude qui ne donnait aucune prise
« aux explications. Du reste, je vous pro-
« mets, M. le duc, de rapporter fidèlement
« à mon souverain ma conversation avec votre
« excellence, et de lui faire connaître le désir
« exprimé par l'Empereur Napoléon de main-
« tenir la paix et de redevenir l'allié et l'ami
« de l'empereur Alexandre. »

« Lorsque plus tard, ajouta le duc, je reparlai à Alexandre de ce traité, il me dit : « Effecti-
« vement, Boudiakine m'en a informé, et j'en
« fus médiocrement surpris : entre mon *frère*
« *de France* et moi il n'y a pas beaucoup de
« sympathie. Mais que voulez-vous, mon cher
« Caulaincourt, j'aurais été seul de mon bord,
« et puis, je vous avoue que la dernière fugue
« de votre Empereur m'a prouvé combien il
« était redoutable... »

« Vous comprenez maintenant, » reprit le

duc, « cet aigre-doux entre les deux souverains. »

« Une autre fois nous discourions sur la conduite infâme du cabinet anglais à l'égard du prisonnier de Ste-Hélène. Alexandre me dit avec cet accent pénétré qui part de l'âme : « Il aurait été fâcheux pour moi que l'Empe-« reur Napoléon eût remis son sort entre mes « mains ; car je me serais brouillé plutôt avec « toute la terre que de trahir la noble con-« fiance d'un ennemi vaincu. »

« Par quelle fatalité Napoléon méconnut-il toujours le seul d'entre les souverains dont la politique n'ait pu dessécher le cœur !

« La déclaration du congrès de Vienne ne laissait plus aucun espoir de traiter avec les puissances. Les courriers porteurs des dépêches que j'avais expédiées ne purent arriver à leur destination. Partout les communications étaient interrompues ; et comme l'Empereur, en arrivant, s'était trouvé contraint de supprimer la censure et de laisser toute liberté à la presse, il en résultait que Paris était inondé de pamphlets qui jetaient la crainte et la désaffection d'une part, et qui, de l'autre, tenaient le public parfaitement informé de ce qui se passait à l'étranger. Tous les yeux étaient fixés sur Gand, et fort peu de gens osaient se compromettre dans la cause impériale. Le gouvernement, abandonné ainsi à ses seules ressources, manquait d'appui au milieu de la peur et de l'égoïsme publics.

« Cependant de toutes parts les provinces se ralliaient à l'Empereur ; le midi pacifié montrait les meilleures dispositions ; Paris seul était un des grands embarras du moment ; c'était là le foyer de toutes les intrigues, le centre des factions les plus opposées.

« D'un côté, les royalistes, soutenus dans l'ombre par Fouché, ayant de l'argent et des promesses de faveurs et de places à distribuer au nom des Bourbons, dirigeaient leurs attaques sur les indécis et les peureux, et les détachaient, ainsi que les ambitieux, de la cause impériale. La liberté de la presse était un immense levier que faisait mouvoir le parti pour agir sur les masses. Instruite de ce qui se passait au congrès de Vienne, les nouvelles qu'elle annonçait se trouvaient justifiées par l'événement. C'était par des pamphlets que nous apprenions souvent des choses fort importantes. C'est par cette voie que nous eûmes connaissance d'une furibonde déclaration du congrès, qui restera comme un monument historique de ce que, au mépris de toute pudeur, on a osé d'ingratitude et d'injures, envers le vainqueur clément et généreux de tous les trônes de l'Europe.

« Napoléon cependant n'avait jamais insulté les rois vaincus.

« Mais indépendamment du parti royaliste, un autre parti, animé d'un patriotisme exalté mal entendu, donnait aussi de vives inquiétudes. Je veux parler des clubs, associations et fédérations. Il y avait là les élémens d'un grand bien, si l'esprit en eût été consciencieusement dirigé vers un but véritablement utile et actuel, celui de s'unir de cœur, de moyens et d'action, pour repousser l'étranger et rester les maîtres chez soi. Cette œuvre nationale pouvait s'accomplir avec le concours du peuple qui en avait très-certainement la généreuse volonté. Mais, comme il arrive toujours, les brouillons et les ambitieux s'emparèrent des associations, et les détournèrent de leur véritable but, au profit des mauvaises passions et des intérêts privés des meneurs. On s'occupa, non pas d'enrégimenter les hommes et de leur donner une organisation régulière et utile, mais de régenter l'Etat, et de lui imposer un programme gouvernemental, tandis que l'Europe armée discutait à Vienne la question du partage de la France !

« Cette époque de notre histoire est bien triste ! N'accusons pas l'étranger de tous nos malheurs : nous avons aveuglément creusé l'abîme où sont venues s'enfouir nos sympathies, notre prépondérance et nos prospérités.

« L'Empereur avait résolu de passer la revue de la garde nationale parisienne. Cette mesure lui avait été vivement déconseillée. On lui avait objecté que des volontaires royaux, incorporés dans la garde nationale, proféraient hautement des menaces contre sa personne et sa vie. Mais, inaccessible à la crainte, l'Empereur répondit aux donneurs d'avis : « Il y a trop
« longtemps que j'ai fait connaissance avec
« les balles étrangères pour craindre une balle
« française. » Et la revue fut commandée.

« Il ne voulut pas d'escorte ; son état-major seulement l'accompagna et « à distance, » dit-il. Cependant des bruits sinistres s'étaient répandus dans la garde; à son insu et sans ordre, quelques grenadiers de l'île d'Elbe imaginèrent de se joindre à nous. En approchant du front des légions, l'Empereur nous fit signe de nous tenir en arrière et commença sa revue. Tant qu'il avait passé au pas dans les rangs, il ne s'aperçut pas qu'il était suivi par ses grenadiers qui ne le perdaient pas de vue un instant; mais, en prenant le galop, il fit faire volte-face à son cheval et se trouva au beau milieu de cette escorte improvisée. Surpris et mécontent de cette infraction à ses ordres : « Que fai- « tes-vous là? dit-il sévèrement, où est l'of- « ficier qui vous commande ? »

« Il n'y avait pas d'officier, il n'y avait pas d'ordre, mais seulement, dix à douze braves que l'inquiétude avait conduits sur les pas de leur Empereur. Aucun ne répondit à sa demande, comme vous le pensez bien. Ils baissaient la tête d'un air penaud. Napoléon comprit tout... et reprit d'une voix radoucie : « Allez-vous-en. » Personne ne bougeait. Il pousse son cheval sur l'un des coupables, et, le prenant par le bras, le secouant fortement : « Je veux que vous vous en alliez tous...

« entends-tu, vieille moustache? je le veux...
« Je ne suis entouré ici que de bons Français,
« je suis en sûreté comme avec vous. »

« L'effet de cette scène fut prodigieux. Oui, oui, Sire, vous avez raison, s'écrièrent les gardes nationaux, « nous donnerions notre « vie pour défendre la vôtre. » Ils quittent leurs rangs, l'entourent, lui baisent les mains, les vêtements; c'est un délire, un enthousiasme qu'on ne peut exprimer que par des cris et des exclamations, et dans lesquels se traduisent naïvement toutes les nuances d'opinions. « Vive l'Empereur! vive l'empire! vive Napoléon! vive la nation! » à quelques cris de: « vive la garde inpériale! » répondent ceux de: « vive l'armée nationale! »

« La malveillance qui s'infiltrait partout avait soufflé dans le public que la garde tenait rancune à la milice nationale, pour avoir mal défendu Paris en 1814, afin de ne pas laisser à l'armée le temps d'arriver et de se battre dans la capitale. On essayait de ce moyen.

« L'Empereur instruit de ces méchants propos, fit offrir par sa garde un dîner à la garde nationale, après la revue du Champ-de-

Mars. Le repas fut gai et amical, on fraternisa le mieux du monde. Dans la soirée, ces troupes mêlées, bras dessus bras dessous, les officiers en tête, défilèrent sous les fenêtres du château, portant le buste de l'Empereur qu'elles allèrent déposer ensuite au pied de la colonne.

« Une année auparavant, de vils courtisans du vainqueur avaient outrageusement arraché la statue du grand homme, de son patriotique piédestal, fondu avec le canon de l'ennemi !

« Napoléon possédait au plus haut degré le sentiment de sa dignité. Il donna l'ordre d'enlever le buste pendant la nuit. « Ce n'est pas, » dit-il fièrement, « à la suite d'une orgie que
« mon effigie doit être rétablie sur la colonne.
« Un jour viendra où la France se souviendra
« de moi, et réparera *convenablement*, par
« un acte national, la méprisable injure d'une
« tourbe sans aveu. »

CHAPITRE VIII.

(SUITE DU PRÉCÉDENT.)

« Chaque heure de cette courte période des *cent jours* amenait un désenchantement et emportait quelques-unes des espérances dont le retour de l'Empereur avait réjoui le cœur de ses amis. Les chambres allaient s'ouvrir dans des circonstances où il eût été indispensable que le chef de l'Etat pût gouverner sans contradiction, et consacrer tous ses moyens, toutes les ressources de son intelligence, à la question capitale, à savoir l'organisation de la défense du pays. Si toute la France ne concourait pas à repousser l'ennemi, elle devait succomber une seconde fois.

« L'Empereur était vivement préoccupé ; son coup-d'œil d'aigle embrassait l'ensemble de l'inextricable position où des résistances irréfléchies pouvaient placer la France. Je partageais toutes ses appréhensions, et j'étais, ainsi que lui, dévoré d'inquiétudes sur les résultats probables de la prochaine convocation du champ de mai.

« Caulaincourt, » me disait-il, « j'ai cédé
« aux exigences de l'opinion publique, mais
« j'ai la conviction que cette mesure est intem-
« pestive. Les Français ont trop de chaleur
« dans l'imagination, de mobilité dans l'es-
« prit ; ils ont trop de penchant à prendre les
« effets pour les causes, à s'abuser sur leurs
« droits, pour jouir tout-à-coup d'une liberté
« absolue. Les utopistes perdront tout. L'op-
« position inhérente aux gouvernements re-
« présentatifs sera mal sentie, mal comprise ;
« elle dégénérera en obstacles absurdes ; elle
« paralysera l'action du pouvoir : en enlevant
« l'initiative à la royauté, on lui enlève sa
« force morale. »

« C'est sous l'empire de ces tristes prévisions que l'Empereur, avec son infatigable activité, s'occupait cependant nuit et jour des préparatifs de la guerre devenue imminente. Tout était à refaire, à réorganiser. Le matériel de l'armée n'existait plus, les magasins de l'Etat étaient vides; il semblait qu'un vaste incendie eût dévoré toutes les ressources militaires de la France. Rien ne peut donner une idée de l'abandon où se trouvait l'administration de la guerre. Mais il faut dire que, sous ce rapport au moins, l'Empereur fut secondé. Partout l'organisation des gardes nationales, des corps francs, la recomposition des régiments, s'effectuèrent avec un élan et une ardeur admirables. Des fabriques d'armes, de munitions, d'équipements, se formèrent sur tous les points de la France. L'esprit du peuple était excellent, et, sans les entraves qui partaient du sein même du gouvernement, tous auraient marché à une œuvre immortelle. La France eût offert à l'Europe le spectacle imposant de 32 millions d'âmes debout pour défendre le sol de la patrie.

« Je ne vous parlerai ni de la cérémonie du

champ de mai, ni des actes officiels ; tout cela vous est connu. Ce qui vous intéresse, ce sont les détails intimes qui peuvent éclairer le tableau si sombre de cette époque; ce qui m'importe, à moi, c'est d'établir, dans les rares occasions où je me décide à parler de ces choses, la part qui revient à chacun dans ce grand drame historique. J'ai fait partie du gouvernement, j'ai *vu* et aucune considération ne m'empêchera d'être vrai. Ce n'est pas ma faute si la vérité formule une accusation terrible contre les hommes qui, dans leur folle présomption, se sont crus appelés à sauver la France sur leurs chaises curules. Il est inique d'attribuer nos désastres à celui dont le génie pouvait tout réparer peut-être, si, livré à ses propres inspirations, il eût gouverné réellement. Mais ces hommes qui se seraient attribué l'honneur du triomphe, ont décliné la responsabilité de la défaite. Je n'accuse pas; je ne veux que revendiquer pour les uns comme pour les autres l'application de cet axiôme sacré : A chacun le mérite ou le blâme de ses œuvres. Napoléon n'est plus et il ne faut pas que le héros qui a tant illustré la France soit méconnu par elle. Nous sommes encore trop près pour le juger. Napoléon est l'homme de la postérité.

« Le choix de Carnot à l'intérieur a été vivement critiqué. Les précédents de cet homme célèbre, ses opinions républicaines donnaient des inquiétudes aux impérialistes. J'étais dans une ligne politique tout-à-fait opposée à celle de Carnot; mais sa conduite, à Anvers en 1814, me rassurait sur celle qu'il tiendrait encore dans l'intérêt de son pays. Dans un temps ordinaire, Carnot n'eût pas accepté des fonctions qui le liaient à un système opposé à celui qu'il rêvait pour le bonheur de sa patrie; dans les circonstances affreuses où nous nous trouvions, il oublia ses opinions pour concourir franchement à soutenir la cause de l'Empereur, cause qu'il confondait avec celle de la France. Sa conduite a été loyale en 1815.

« Sa rude franchise ne lui permettait pas de feindre, et l'Empereur dut entendre quelquefois un langage auquel on ne l'avait pas accoutumé. Un jour, devant moi, Carnot lui dit : « Sire, votre acte additionnel a déplu à
« la nation; il n'est pas conforme à ses vœux;

« promettez-moi de le modifier. J'ai le cou-
« rage de vous dire la vérité, parce que votre
« salut, le nôtre, dépendent de votre défé-
« rence... (L'Empereur fit un certain mouvement.) Le mot vous effarouche, Sire...
« je n'en connais pas un autre qui exprime
« mieux ma pensée; oui, de votre déférence
« aux volontés nationales.

« — Mais, » répondit l'Empereur, en dé-
guisant son impatience, « l'ennemi est à nos
« portes; qu'on m'aide d'abord à le repous-
« ser, et, dans les loisirs de la paix, j'aurai le
« temps de m'occuper à donner des institu-
« tions fortes et libérales. »

Après le départ de Carnot, l'Empereur me
dit : « Voilà certainement un homme animé
« de bonnes intentions; mais la maison brûle,
« et, au lieu de travailler à éteindre l'incendie,
« il n'est préoccupé que des distributions qu'il
« y aurait à changer pour la rendre plus com-
« mode. Cette préoccupation de Carnot est
« celle de tous les esprits qui semblent être
« frappés de vertige.... »

Il se promena longtemps agité et soucieux;
puis il vint se rasseoir à son bureau couvert de

brochures, de journaux de toute sorte : « Nous
« ne marcherons pas.... » reprit-il ; « voyez,
« voyez, Caulaincourt, comment les organes
« des différentes factions entendent *la défé-*
« *rence aux volontés nationales.*

« Les vieux révolutionnaires veulent que
« j'abolisse l'empire et que je rétablisse la ré-
« publique : hors de là, point de salut ;

« Les partisans de la régence me repro-
« chent de n'avoir pas proclamé Napoléon II ;

« Les libéraux purs pensent que je devais
« me démettre de la couronne, et laisser à la
« nation souveraine le droit de me la rendre
« ou de l'offrir au plus digne.

Ma foi, si j'ai abusé *du droit canon,* « dit-il
« en haussant les épaules, les écrivassiers
« abusent cruellement du droit de débiter en
« phrases sonores les plus niaises platitudes....
« Tout cela ne serait que risible si nous n'é-
« tions pas cernés par un million d'hommes
« armés qui, le sourire de la hyène sur les
« lèvres, contemplent nos misères ! »

« Peu de jours après, les chambres s'ouvri-
rent, et nous eûmes tout d'abord la mesure
des dispositions qui animaient les représentants. Il était convenable, il était désirable

que Lucien, homme d'esprit et de résolution, en eût la présidence. L'acte additionnel donnait le droit à la chambre de nommer son président, et elle choisit Lanjuinais, réformiste par essence, frondeur par tempérament, opposant émerite de tous les gouvernements qui s'étaient succédés depuis 93.

« En apprenant cette nomination, l'Em-
« pereur dit avec amertume : « A merveille !
« voilà le premier usage que l'on fait des fran-
« chises que j'ai accordées. »

« A la seconde séance, je crois, l'avocat Dupin proposa de déclarer que la chambre ne procéderait à sa constitution définitive que lorsqu'on aurait fait droit à la demande des représentants, qui désiraient qu'on leur fournît la liste des nouveaux pairs. Mais cela n'était que le prélude d'une autre prétention. La séance suivante offrit un scandale inouï jusqu'alors ; ce même député essaya de faire prévaloir une idée destructive du gouvernement établi.

« Il prétendait que le serment à prêter au souverain par la nation, représentée par ses deputés, pour être valable et légitime, ne devait pas être prêté en vertu d'un décret émané de la volonté du prince, mais seulement en vertu d'une loi qui serait le vœu de la nation constitutionnellement exprimé.

« Cette proposition captieuse, appuyée par un autre avocat nommé Roi, fut rejetée d'un accord unanime : la sagacité de la chambre en fit prompte justice. En effet, cette proposition ne tendait à rien moins qu'à faire déclarer nul de fait et de droit le serment que la nation et l'armée venaient de prêter à l'Empereur et aux constitutions de l'empire, au champ de mai. Comme c'était ce serment qui liait la nation et l'armée à l'Empereur, et celui-ci à la nation, il en serait résulté qu'en l'annulant, on dépouillait Napoléon du caractère de souveraineté et de légitimité dont il était légalement revêtu, et que ses droits se trouvaient remis en question.

« Cet homme avait-il la conscience de toute la portée de sa motion? ou bien voulut-il seulement appeler l'attention du public sur ses débuts dans la carrière politique? Je ne sais.

« L'Empereur indigné dit hautement : « Je
« vois que les députés, au lieu de s'unir à moi
« pour sauver la patrie en danger, veulent se
« séparer de ma cause et faire de la popularité

« à mes dépens. Croient-ils donc faire de moi
« un soliveau ou un Louis XVI?... Je ne suis
« pas homme à me laisser régenter... encore
« moins à me laisser faire la loi par des mar-
« chands de paroles, ni à tendre la gorge aux
« factieux... Mon sang coulera pour la France
« sur le champ de bataille; mais il ne rougira
« pas l'échafaud, qu'ils le sachent bien ! »

Ces paroles sont sévères; mais le jugement rapide et sûr de Napoléon résumait, avec sa lucidité ordinaire, les conséquences des faits. Dans sa pensée c'était plus qu'une insulte à sa personne; c'était une attaque directe à son trône.

« Qui peut motiver, » ajouta-t-il avec plus
de modération, « une telle levée de bouclier
« de la part d'un homme inconnu, appelé
« d'hier à l'honneur de représenter une partie
« de ses concitoyens? Il débute par une pro-
« vocation à l'anarchie! Croit-il remplir le
« mandat que lui ont donné ses commettants,
« en ameutant les passions? Ne comprend-il
« pas que pour rendre une guerre nationale,
« il faut que tous les citoyens soient unis de
« cœur et de volonté avec leur chef?... En
« définitive, que veut-il? que cherche-t-il?

« de quoi a-t-il à se plaindre?... Qu'ai-je fait
« personnellement à l'avocat Dupin?... Pour-
« quoi m'attaque-t-il?... Pourquoi me cher-
« che-t-il querelle?... Qu'espère-t-il de cette
« fusée incendiaire lancée sans rime ni raison
« contre l'homme qui pendant vingt ans a
« conduit les Français à la victoire, en parta-
« geant leurs bons et leurs mauvais jours?
« L'acte de l'avocat Dupin est l'acte d'un mau-
« vais citoyen. »

« L'Empereur rentra dans son cabinet où nous travaillâmes toute la soirée. Mais l'application du travail n'avait pu le distraire de l'impression qu'il ressentait de la séance de ce jour. Anxieux et agité, il repoussa les papiers, jeta sa plume au loin, et, s'accoudant sur son fauteuil : « Caulaincourt, » dit-il avec découragement, « laissons tout cela ; je perds mon
« temps ; la fatalité pousse la France à sa per-
« te... Les meilleures combinaisons échoue-
« ront... ; ces gens-là assassinent eux-mêmes
« la patrie ; ils ne comprennent pas que leurs
« bavardages ont un retentissement funeste.
« En désaffectionnant le peuple de ma per-
« sonne, on en démoralise l'esprit, et par suite
« l'action. Au moment d'entrer en campa-

« gne, je suis effrayé de laisser le gouverne-
« ment *de fait* (il ne faut pas s'y tromper) aux
« mains d'une chambre fougueuse, avide de
« pouvoir et si peu pénétrée de la gravité des
« affaires du pays... C'est chose pitoyable que
« son attitude !

« Quand la guerre est engagée, la présence
« d'un corps délibérant est nuisible et souvent
« funeste.... Les hommes turbulents, les am-
« bitieux avides de bruit, de popularité, de
« domination, s'érigent, de leur propre auto-
« rité, en avocats du peuple, en défenseurs
« de ce qui n'est pas attaqué, en conseillers
« du prince; ils veulent tout savoir, tout ré-
« gler, tout diriger. Si on n'écoute pas leurs
« conseils donnés à tort et à travers, de con-
« seillers ils deviennent censeurs; de censeurs,
« factieux; de factieux, rebelles... Eh! par-
« bleu ! les rois aujourd'hui ont plus besoin de
« garanties que les peuples! Voilà l'histoire
« de toutes les assemblées délibérantes, com-
« posées (et elles le sont toutes) d'intrigants
« ou de gens plus ou moins droits et éclairés.
« Ces derniers, presque toujours dupes des
« autres, deviennent sans s'en douter leurs
« instruments et leurs complices... Les auda-

« cieux s'emparent des timides; la crainte du
« péril, l'envie de s'y soustraire; désorgani-
« sent les faibles têtes chez lesquelles les sen-
« sations physiques sont tout; et, en exploi-
« tant habilement la terreur qu'ils éprouvent,
« on en obtient ce qu'on n'obtiendrait pas de
« leur probité... Niais d'abord, victimes en-
« suite, ils n'ont fait que prêter leur dos aux
« ambitieux, pour atteindre le premier degré
« de l'échelle. »

« — Votre majesté, » dis-je avec tristesse,
« vient de résumer en quelques mots des vo-
« lumes de décevantes théories à l'usage des
« idéologues. Il résulte pour moi de tout ce
« qui se passe, un profond découragement.
« Nous succomberons....

« — Espérons encore, » interrompit-il vivement, « que les premiers coups de canon
« tirés pour l'indépendance du pays, réveille-
« ront dans ses représentants le véritable pa-
« triotisme. La partie est engagée, il faut la
« soutenir. »

« Le lendemain, l'Empereur reçut la députation chargée de lui présenter l'adresse; je
n'oublierai jamais le regard qui accompagna

cette phrase de sa réponse : *N'imitons pas le Bas-Empire.* » Quelques-uns des provocateurs de la discorde baissèrent les yeux sous l'expression pénétrante de cette muette accusation.

« J'aurais mille traits à vous citer du mauvais vouloir de la chambre, et pas un de ces traits n'échappait à la sagacité de Napoléon. Il devinait les ténébreuses manœuvres des meneurs; il stigmatisait avec son mordant accoutumé l'attitude hostile de ce grand pouvoir qui s'élevait à côté du trône. « Les honnêtes
« gens de la chambre, » disait-il, « ne voient
« pas qu'ils sont mystifiés et roués par les roya-
« listes qui comptent dans leurs rangs des
« chefs de file adroits et déliés. Sous les sem-
« blants de l'amour de la liberté, ils s'insi-
« nuent dans l'esprit des patriotes, et, l'acte
« additionnel à la main, il les entraînent à de
« désastreuses mesures, sous le prétexte de
« réfréner mon incurable tyrannie. Demandez
« à ces nouveaux convertis ce qu'ils feront,
« au jour du triomphe de la cause royale, de
« ces hommes dont ils égarent l'imagination ?
« Ils vous répondront qu'ils les enverront dans

« l'exil méditer sur les dangers de la démago-
« gie. Ils se moqueront d'eux, et ce sera bien
« fait. »

« C'est dans cette épouvantable anarchie
des pouvoirs, que l'Empereur dut se disposer à
quitter la capitale, pour aller tenir tête à toutes les puissances réunies dans le but d'anéantir notre malheureux pays.

— Est-il bien vrai, » demandai-je au duc
de Vicence, « que le général Bourmont sollici-
ta du service, et que ce fut à la demande et
sur la garantie du général Gérard que l'Empereur se décida à l'employer !

— Votre question me rappelle une de ces
actions honteuses qu'on voudrait pouvoir oublier, pour l'honneur de l'espèce humaine.

« M. de Bourmont fut parfaitement bien
traité par les Bourbons en 1814; il aurait pu,
comme tant d'autres officiers généraux qui
avaient cru devoir embrasser leur cause, rester fidèle à sa nouvelle cocarde. Aussitôt l'arrivée de l'Empereur, il se fit remarquer par
son assiduité aux Tuileries. La guerre venait
d'être déclarée. A l'une de ces réceptions, l'Empereur faisait, comme de coutume, le tour

des salons, parlant, disant un mot à chacun. Bourmont se trouve sur son passage, il le dépasse; mais celui-ci se porte en avant : « Sire, » dit-il, « la guerre est déclarée, je « supplie Votre Majesté d'accepter mes ser-« vices. »

« L'Empereur s'arrête, le regarde fixement, et, avec une inflexion de voix incisive : « Non, général Bourmont.... non.

« — Sire, je n'ai pas démérité l'honneur de « servir dans l'armée; la faveur que je solli-« cite...

« — Plus tard... plus tard, je verrai.

« — Sire, » répond Bourmont avec un accent pénétré, en portant la main sur son cœur, « *je croyais qu'un homme comme moi n'avait* « *pas besoin de faire quarantaine.*

« — Nous verrons... nous verrons... » et l'Empereur continua son chemin.

« Quant à l'intervention du brave Gérard pour décider l'Empereur, j'ai entendu dire (mais je ne l'ai pas *entendu*, ce qui est fort différent) qu'il se porta fort du dévouement du général Bourmont. Toujours est-il qu'il eut un commandement, et vous savez le reste...

— Je l'ai su comme tout le monde, mais sans ajouter foi, je l'avoue, au précédent de la demande à l'Empereur, parce qu'il est de ces choses que le cœur se refuse à accepter comme vraies.

— Conservez cette bonne incrédulité : si vous saviez combien il est affreux d'arriver à ne plus s'étonner du mal, à ne plus s'étonner que du bien ; et combien on souffre avant d'en être là !

« L'Empereur, pendant son absence, chargea des soins du gouvernement un conseil composé de ses deux frères Lucien et Joseph, des ministres et des quatre ministres d'état Defermont, St-Jean-d'Angély, Boulay de la Meurthe et Merlin. Il donna ses instructions, et termina par ces paroles : « Je pars cette nuit ; faites votre
« devoir, l'armée et moi nous ferons le nôtre...
« Je vous recommande de l'union, du zèle et
« de l'énergie... Veillez, Messieurs, veillez à
« ce que la licence ne prenne pas la place de
« la liberté, et l'anarchie la place de l'ordre...
« Ne perdez pas de vue que de l'unité d'action
« dépend le succès des moyens. »

« Rentré dans son cabinet, où il avait en-

core des ordres nombreux à expédier avant son départ, je lui réitérai avec vivacité la demande de le suivre à l'armée. « Non, Caulain-
« court, non, cela est impossible, n'y pensez
« pas.

« — Sire, le ministère des relations exté-
« rieures, dans ce moment, n'existe plus que
« pour la forme : que ferai-je ici pour le ser-
« vice de Votre Majesté ?

« — N'en parlons plus, je n'y consentirai
« pas... (Et comme j'insistais :) J'emmène Ma-
« ret ; si je ne vous laissais pas à Paris, sur
« qui pourrais-je compter ? » ajouta-t-il brièvement.

« Le reste de la nuit se passa à mettre à jour le travail des portefeuilles. Il me donna, avec la plus entière liberté d'esprit, ses instructions particulières ; il prévoyait bien des malheurs, mais ses regards se reposaient avec confiance sur son armée si dévouée, si pleine d'ardeur et d'enthousiasme.

« Le jour commençait à poindre ; trois heures sonnèrent. « Adieu, Caulaincourt, » dit-il en me tendant la main, « adieu... il me faut
« vaincre ou mourir... » Et, d'un pas rapide,

il traversa les appartements, comme poursuivi d'une idée importune. Arrivé au bas de l'escalier, il jeta un long regard autour de lui, et s'élança dans sa voiture.

« Lorsque j'eus perdu de vue cette voiture ; que je cessai d'entendre le fouet des postillons, je ne sais quelle indicible tristesse s'empara de moi. A cette heure matinale tout était silencieux dans Paris ; et ce silence me faisait mal. J'aurais voulu du bruit, du mouvement autour de moi, pour apaiser le trouble de mes pensées. Je me jetai dans le jardin que je parcourus au pas de course, sans parvenir à calmer l'agitation intérieure qui me dévorait. L'horizon m'apparaissait en feu ; j'entendais les grondements de l'orage, et involontairement mes yeux se portèrent sur l'autre rive de la Seine..... C'est de ce côté que partit la foudre qui incendia la France ! »

CHAPITRE IX.

« Le lendemain du départ de l'Empereur, le ministre de l'intérieur et moi nous nous rendîmes à la chambre des pairs. Carnot présenta un rapport exact de la véritable situation du pays; il annonça que l'Empereur voulait, d'accord avec les chambres, donner à la France des lois organiques appropriées à ses besoins. Avec courage et loyauté, il ne dissimula pas les craintes que les amis du gouvernement concevaient des progrès de l'esprit démagogique qui se manifestait. Il dit enfin que de l'union de tous dépendait le salut de l'Etat.

« La hardiesse de cette insinuation déplut à quelques-uns; mais Carnot avait par devers lui l'autorité de son propre exemple.

Franchement républicain, il faisait cependant taire son opinion devant les dangers de la patrie. Un seul homme pouvait la sauver; et Carnot aidait cet homme de tout son pouvoir, avec zèle et loyauté.

« Ce rapport fut suivi de celui du ministre des relations extérieures. J'exposai sans déguisement notre position vis-à-vis de l'Europe armée, la détermination arrêtée des puissances de n'accorder aucune trève, de n'accéder à aucun traité avec la France; je rendis compte des efforts infructueux qu'avait tentés l'Empereur, pour ramener les souverains alliés à des sentiments pacifiques, en concédant tout ce qui était compatible avec l'honneur national. Je dis que la France, menacée de toutes parts par des préparatifs de la guerre, avait dû prendre l'initiative des combats, sous peine de compromettre sa dignité et ses intérêts par une hésitation prolongée. Je terminai en faisant un appel au patriotisme éclairé des pouvoirs représentatifs, pour aider et soutenir l'Empereur, qui, lui, défendait aux frontières l'indépendance de la patrie.

« Mon discours, » continua le duc, « excita

quelques démonstrations sympathiques. Je crois qu'il y avait de bonnes intentions dans la majorité de l'assemblée, mais l'énergie manquait pour exécuter le bien. Dans la prévision d'une défaite, chacun se laissa entraîner par des considérations personnelles ; on n'aurait pas mieux demandé que d'être sauvé, pourvu que cela ne dérangeât ni les positions faites, ni les intérêts. L'égoïsme, cette grande plaie de la société, devait l'emporter sur les résolutions généreuses. Si vous saviez combien de célébrités politiques sont peu de choses quand on les voit de près !

« La chambre des députés reçut les mêmes communications qui lui furent faites par deux ministres d'état, et des démonstrations non équivoques de mécontentement se manifestèrent parmi les représentants. Dans l'intervalle du départ de l'empereur jusqu'à son retour, les chambres, au lieu de s'occuper des mesures de sûreté dont elles avaient de fait l'initiative, reprirent les discussions sur l'acte additionnel, et se livrèrent à des dissertations théoriques dont l'inopportunité était un des moindres inconvénients.

« A mesure que la marche des chambres se dessinait, je repassais dans ma mémoire les paroles de l'empereur, empreintes de cette rectitude d'observation qui le caractérisait. Quelle intelligence des rouages du gouvernement ! A quel degré de prospérité n'eût-il pas poussé la France, si au lieu de porter toutes ses vues sur son agrandissement, il ne se fût attaché qu'à la gouverner au-dedans ? Mais à cette organisation volcanique, qui pendant vingt ans nia l'impossible, il fallait des conquêtes, des merveilles et l'immensité des mondes. Il ne comprenait pas la France si ardente, si intelligente, terre-à-terre, sans prépondérance, sans domination sur l'équilibre européen. Il la voulait sans rivale de gloire et d'illustration, respectée et enviée par tous les peuples de la terre. 1815 a terminé ce beau rêve... La hideuse réalité a remplacé les nobles illusions d'un noble cœur. Ah! ce réveil fut affreux! La France avait dévoré la vie du héros avant que Sainte-Hélène reçût son dernier soupir ! !

—Et maintenant, » dis-je au duc de Vicence, « je ne pourrai plus prononcer son nom sans qu'un amer regret ne vienne y rattacher quelque pensée désolante. Que de douleurs en regard d'une si grande existence!... Vous parlait-il souvent de son fils, de Marie-Louise?

—De son fils, quelquefois ; de l'impératrice, jamais. Il est bien remarquable qu'il ne me reparla même pas des démarches que j'avais dû faire, en 1814, pour amener sa réunion avec Marie-Louise. Cette réticence indiquait que, désabusé sur l'affection de celle qu'il avait tant aimée, il ne voulait pas provoquer une explication inutile. Trop fier pour se plaindre, il dédaigna de blâmer....

« Je vais vous citer un exemple, entre mille, qui imprime son cachet sur cette époque inqualifiable des cent jours, où le gouvernement réel n'existait nulle part. C'était un être de raison, un être impalpable. Une puissance occulte disposait des esprits, des communications et des moyens. Trahis, mystifiés, assis sur un terrain miné de toutes parts, les honnêtes gens assistaient à des scènes ténébreuses sans pouvoir les démasquer, et subissaient le mal sans pouvoir ni l'empêcher ni le dénoncer.

« Il pouvait être minuit. J'étais occupé à travailler seul dans mon cabinet. Un grand coup frappé à la porte de l'hôtel attire mon attention ; bientôt des pas précipités se font entendre. L'huissier de service me remet un billet à peine cacheté. Il ne contenait que ces mots écrits en latin : « L'armée a été détruite à Waterloo, » Je fus un moment stupéfié... Une réflexion rapide me rendit ma lucidité : ceci, pensai-je, est l'œuvre du démon ; cet avis doit circuler partout ; on veut faire une révolution à Paris. Je me jetai après la sonnette. « Qu'on arrête le « porteur de ce billet, qu'il ne sorte pas d'ici, » dis-je à l'huissier.

« — Monseigneur, » répond ce garçon, « je me
« trouvais dans la loge du suisse, un homme
« bien vêtu est entré d'un air effaré : « Voici, »
nous a-t-il dit brièvement, « une lettre pour
« le ministre, et voici une pièce d'or pour ce-
« lui qui la lui portera à l'instant, quelque
« part qu'il se trouve, s'il n'est pas à l'hô-
« tel. Et ce monsieur a disparu aussi promp-
« tement qu'il était entré.

« Je ne pouvais, je ne voulais pas croire, « et
« cependant, » me disais-je, « on ne donne pas
« vingt francs pour faire parvenir au plus vite
« une niaise mystification. » Je demandai ma

voiture et je me rendis chez Carnot. Je lui communiquai ce billet, et les craintes qu'il me faisait concevoir sur quelques machinations ourdies par les ennemis de l'Empereur.

« La dernière nouvelle télégraphique reçue
« à midi, » dit Carnot, « était rassurante; la
« Haie-Sainte et le Mont-Saint-Jean avaient
« été enlevés par nos troupes....

« — Sans doute; mais, depuis, comment se
« fait-il que nous soyons sans nouvelles?

« — Il ne faut que le bris du premier télégra-
« phe le plus rapproché du théâtre de la guerre,
« pour avoir interrompu les communications
« sur toute la ligne.

« — Je suis horriblement inquiet... Si cette
« fatale nouvelle est vraie, elle a été transmise
« ce soir par le télégraphe. Les signaux sont
« visibles jusqu'à huit heures trois quarts.

« — Il n'est arrivé aucune dépêche ce soir, » répondit vivement Carnot; « j'en ai la certitu-
« de ....

« — Vous avez la certitude, mon cher Carnot,
« qu'il ne vous en est parvenu aucune... » Il comprit ma pensée.

« — Mais, si vos soupçons étaient fondés,

« savez-vous qu'il mériterait la corde ? Al-
« lons-y, allons-y ; il faut éclaircir cela.

«—Nous n'en saurons pas davantage, répondis-je amèrement. Carnot s'habilla à la hâte et nous nous fîmes conduire chez le duc d'Otrante. Il était deux heures du matin.

« — Ne lui laissons pas le temps de se recon-
« naître, » me dit Carnot ; « entrons dans sa
« chambre à coucher, sur les pas de son do-
« mestique et vous allez voir beau jeu. »

Fouché, assez interloqué de notre visite nocturne, se leva sur son séant en fixant sur nous ses vilains yeux étonnés.

« Collègue, » lui dit Carnot d'un ton brusque, « vous avez reçu des nouvelles qui ne
« nous ont pas été communiquées ?

«—Aucune, » répondit-il, évidemment contrarié. « De quoi s'agit-il ?

« — Il s'agit de malheurs affreux. L'armée,
« dit-on, aurait été détruite à Waterloo.

« — Qui dit cela ? C'est une fable absurde,
« je pense. » Et sa voix était mal assurée.

«—M. le duc, » dis-je, « cela est faux ou cela
« est vrai. Si ce billet, » et je le lui montrai,
» dit la vérité, la nouvelle n'a pu être com-

« muniquée que par le télégraphe, car le temps
« manque pour qu'elle soit arrivée par un
« courrier.

« — Que voulez-vous conclure de là ? » répondit-il sèchement.

« — Et parbleu ! » s'écria Carnot, « ce que
« nous voulons conclure de là, c'est que nous
« sommes livrés pieds et poings liés, et qu'il
« y a parmi nous un traître, un Judas.

« — Etes-vous donc venu pour m'insulter ? » Et se jetant au bas du lit, il se vêtit de sa robe de chambre.

« — Il n'y a d'insulte, » riposta le rude Carnot, « que pour celui à qui l'épithète de traître
« et de Judas est applicable.

« — Monsieur, « repris-je en m'adressant à Fouché, « ne querellons pas sur les mots,
« nous discutons sur un fait.... Vous affirmez
« n'avoir pas reçu de nouvelles ?

« — Certainement.

« — Eh bien ! alors celle qui m'est parvenue
« par ce billet anonyme est fausse ?

« — Je ne dis pas qu'elle soit fausse, ni
« qu'elle soit vraie.

« — Nous tournons dans un cercle vicieux...

« Le télégraphe de ce matin nous apprendra,
« je l'espère, que j'ai été mal informé.

« — Et quand même le télégraphe confir-
« merait cette sinistre nouvelle ! Est-ce que je
« dispose du télégraphe, moi ? Quelle raison
« d'ailleurs aurais-je pour vous céler les
« dépêches et en retarder la communica-
« tion ? »

Nous nous levâmes en dédaignant de répondre. Il fallait casser les vitres, et à quoi bon ?

« Qu'en pensez-vous ? » me dit Carnot en sortant.

« — Je pense qu'il sait tout ; que notre mal-
« heur n'est que trop certain, et que tout est
« perdu.

« — Je le crains aussi... Il a des intelli-
« gences partout ; il a eu la nouvelle, n'im-
« porte par quelle voie, et il a voulu se laisser
« le temps de machiner quelque trame diabo-
« lique pour comprimer l'élan national que
« pourrait occasionner la perte de la bataille. »

« Ce qu'il y a de plus curieux, c'est qu'à six heures du matin le télégraphe annonça la funeste catastrophe, et que la teneur des dépêches annonçait évidemment une lacune dans la correspondance dernière qui avait été communiquée au conseil.

« La personne qui m'a donné cet avis ne s'est jamais fait connaître : comment fut-elle informée ? je ne sais.

« Dans la journée nous reçûmes plusieurs courriers. Nous arrêtâmes en conseil de ne pas communiquer la fatale dépêche télégraphique, et d'en garder jusqu'à nouvel ordre le secret le plus absolu. Le soir même elle circulait à mots couverts dans les hauts salons... et chacun put lire sur le visage radieux des royalistes les désastres de Waterloo.

« Le lendemain, l'inquiétude commença à se manifester dans le public. L'interruption des bulletins éveilla les craintes ; les masses éprouvaient cette sourde agitation qui précède toujours les crises. Il y eut quelque tumulte dans les théâtres ; le parterre demanda et fit jouer la Marseillaise, tandis que des groupes hostiles se formaient dans les foyers.

« L'arrivée de l'Empereur me fut annoncée dans la nuit par un courrier parti de Laon. Je me rendis à l'Elysée pour le recevoir. Six jours s'étaient à peine écoulés depuis que j'avais reçu ses adieux, et ces six jours avaient englouti à jamais le passé, le présent et l'avenir.

« Il arriva de grand matin, abîmé de douleur et succombant à la fatigue. Sa respiration oppresée ne laissait échapper de sa bouche que des paroles entrecoupées, mais son cœur déchiré avait besoin de s'épancher : « L'armée, » dit-il, « a fait des prodiges de valeur... d'in-
« croyables efforts... Quelles troupes !... Ney
« s'est conduit comme un fou... il a fait échar-
« per ma cavalerie... tout a été perdu ! Je n'en
« puis plus... il me faut deux heures de re-
« pos... j'étouffe là... (Il porta la main sur sa poitrine.) Un bain, un bain ! »

« Il se mit au bain et son anxiété ne lui permettant aucun répit, il m'interrogea; je refusai absolument de l'entretenir des affaires de Paris. Je n'avais que de tristes communications à lui faire ; l'altération affreuse de ses traits indiquait assez sa lassitude, et je voulais qu'il se reposât au moins pendant qu'il était au bain. Mais lui, la tête pleine, l'ame bourrelée, ne pouvait distraire ses pensées des scènes qui venaient de le désoler, ni contenir l'expression des angoisses qui le dévoraient.

« C'est horrible ! horrible ! mes troupes
« écrasées après tant et de si héroïques efforts !
« Jamais mes plus belles victoires ne porteront
« la gloire de l'armée française plus haut que
« la défaite du Mont-St-Jean... L'ennemi ne
« l'a pas vaincue, il l'a égorgée à force de
« masses d'hommes... Ma garde s'est fait mas-
« sacrer sans vouloir de quartier... Je cher-
« chais la mort avec eux : « Retirez-vous, »
« me criaient-ils en rugissant de rage ; » vous
« voyez bien que la mort ne veut pas de vous. »
« Et en ouvrant leurs rangs, mes vieux grena-
« diers me repoussaient loin du carnage en me
« faisant un rempart de leurs corps... Ma
« brave, mon admirable garde, détruite, ha-
« chée !... et moi ! moi, je n'ai pu mourir ! »

« Des gémissements étouffés entrecoupaient
ce récit qui m'arrachait le cœur. Je ne trouvais ni larmes ni paroles. C'en était trop !!!

« J'avais combiné, » reprit-il, « une auda-
« cieuse manœuvre qui devait empêcher la
« jonction des deux armées ennemies... Je
« lançais ma cavalerie réunie en un seul corps
« de vingt mille hommes au milieu des can-
« tonnements prussiens. Cette attaque hardie,

« exécutée le 14 avec la rapidité de la foudre,
« pouvait décider du sort de la campagne !
« Les Français ne comptent pour rien le nom-
« bre des ennemis qu'ils ont à combattre; ils
« prodiguent leur sang avec le succès... Ils
« sont invincibles dans la prospérité.... et il
« m'a fallu changer mes plans ! Au lieu d'atta-
« quer à l'improviste, il m'a fallu entamer un
« combat régulier, présenter la bataille aux
« deux armées réunies et soutenues par d'im-
« menses réserves !... Les forces de l'ennemi
« étaient quadruples de celles que j'avais à leur
« opposer... J'avais calculé tous les désavanta-
« ges d'une affaire régulière ! La désertion de
« cet infâme Bourmont m'a forcé à changer
« toutes mes dispositions.... Passer à l'ennemi la
« veille d'une bataille !... Le misérable ! Que le
« sang de ses frères retombe sur lui ! que les
« malédictions de la France le poursuivent !

« — Sire, » lui dis-je, « vous repoussiez
« cet homme; que n'avez-vous suivi votre
« propre impulsion !

« — Je n'en voulais pas... Cette infamie est
« inouïe... L'armée française n'offre pas de
« précédent à un pareil crime... Jomini n'é-

« tait pas Français, lui!... La conséquence de
« cette défection a été désastreuse... Le dé-
« couragement a gagné les esprits préoccupés
« des trahisons qui paralysaient nos efforts.
« Mes ordres ont été mal compris, l'hésitation
« s'est fait sentir dans la manière de les exécu-
« ter... Tantôt c'est Grouchy qui est en re-
« tard; tantôt c'est Ney qui perd la tête em-
« porté par sa bravoure, par son intrépidité;
« il paie de sa personne comme un soldat,
« sans regarder ni devant ni derrière, et les
« troupes sous ses ordres sont écharpées sans
« aucune nécessité... C'est déplorable..., c'est
« affreux!.. On a fait des prodiges, je vous
« le répète, et nous avons perdu la bataille...
« Les généraux, les maréchaux, tous, tous se
« sont bien battus... et cependant..., cepen-
« dant, une incertitude, une inquiétude in-
« définissables planaient et démoralisaient les
« chefs de l'armée. Il n'y avait point d'unité,
« point de précision dans les mouvements....,
« et..., » ajouta-t-il avec effort, « des cris de
« *sauve qui peut!* ont été, assure-t-on, profé-
« rés!.. Je ne puis le croire... Ce que j'ai souf-
« fert, Caulaincourt, est pire, bien pire que les

« tortures de Fontainebleau... Je suis tué... Le
« coup que j'ai reçu à Waterloo est mortel. »

« Qu'avais-je à opposer à de si cruels détails ? » dit le duc, « quelles consolations pouvaient arriver à cette âme déchirée ?

« Je fus l'attendre dans son cabinet, où il se rendit une demi-heure après. Sa figure, extrêmement pâle, ses yeux abattus témoignaient de ses souffrances intérieures; mais il avait repris en apparence quelque calme.

« Mon intention, » dit-il, « est de réunir les
« deux chambres en séance impériale. Je leur
« peindrai fidèlement les malheurs de l'ar-
« mée, je leur demanderai les moyens de sau-
« ver la patrie..., après cela, je repartirai.

« — Sire, la nouvelle de vos malheurs a déjà
« transpiré. Il règne une grande agitation
« dans les esprits.

« — Ma première pensée, » interrompit-il,
« était de descendre de voiture à la chambre,
« et couvert encore de la poussière et de la fu-
« mée du combat, de leur exposer le péril de
« la patrie. On m'en a détourné.

«—Je suis bien malheureux, Sire, d'avoir à
« ajouter à tant de douleurs ; mais je dois la vé-

« rité à Votre Majesté. Aucune illusion n'est
« plus permise. Les dispositions des députés
« sont plus hostiles que jamais.

« — Il faudra bien, » s'écria-t-il, « qu'ils se
« rendent à l'évidence.

« — Ils connaissaient avant le conseil, »
dis-je, « l'étendue de nos désastres; j'en ai
« acquis la certitude, et cependant aucune
« sympathie pour vos malheurs n'a précédé
« votre retour. Les machinations qui nous
« ont perdues en 1814, se retrouvent en 1815
« sous d'autres formes.

« — Des traîtres, des traîtres partout!
« Qu'est devenue l'héroïque France de 93, se
« levant comme un seul homme pour repous-
« ser l'invasion étrangère? Mais enfin, ces
« gens-là ont du sang français dans les veines !
(Et ses yeux brillaient d'un éclat extraordinaire.)

« — Sire, daignez m'écouter! Les cham-
« bres ne répondront ni à votre confiance, ni
« à votre attente... Et, permettez-moi de le
« dire à Votre Majesté, je suis désespéré de
« vous voir à Paris. Il ne fallait pas, Sire, vous
« séparer de votre armée; c'est elle qui fait

« votre force, qui est votre sûreté. Au milieu
« de vos soldats, vous êtes inviolable. Ces
« *courtisans-là*, vous le savez, ne vous ont
« jamais ni trahi, ni abandonné; avec eux
« vous êtes encore un chef redoutable; sans
« eux, vous êtes un souverain sans puissance.

« — Je n'ai plus d'armée ! » dit-il, avec un
accent déchirant, « je retrouverai des hom-
« mes, mais comment combattront-ils? Je
« n'ai plus de fusils, plus de matériel, plus de
« munitions. Cependant, avec du patriotisme
« et de l'union, tout pourrait encore se ré-
« parer. Vous êtes aigri, mon pauvre Caulain-
« court; vous voyez les choses avec l'amer-
« tume d'une âme ulcérée. Les députés, enfin,
« sont les représentants de la nation; il ne faut
« pas désespérer de leur patriotisme; aujour-
« d'hui, à cette heure, il ne s'agit pas de faire
« de l'opposition à ma personne, il s'agit de
« sauver le pays, et ils doivent me seconder.
« Ils sentiront l'effrayante responsabilité qui
« peserait sur eux; ils doivent compte de leur
« mandat à leurs concitoyens. Il y a trois mois
« que la France a salué mon retour avec en-
« thousiasme. L'ont-ils donc oublié ? »

« Lucien et Joseph entrèrent ; l'Empereur les interrogea avec anxiété sur l'attitude que prenaient les chambres. Ils le confirmèrent dans l'opinion que j'avais exprimée, et lui conseillèrent de différer la convocation pour la séance impériale. Ils ajoutèrent qu'ils croyaient convenable de laisser agir préalablement les ministres.

« L'Empereur me donna quelques ordres ; je sortis pour les exécuter. J'étais bien aise qu'il entretînt ses frères avant de prendre une détermination. Lucien est un homme de tête et de résolution ; il connaissait aussi bien que moi le véritable état des choses ; il ne pouvait donner que d'utiles avis.

« En traversant les appartements, je les trouvai remplis de tous les grands fonctionnaires et dignitaires, qui étaient accourus à la nouvelle de l'arrivée de l'Empereur. On interrogeait avec avidité les aides-de-camp et les officiers revenus de Waterloo. Le spectacle de la déroute et de la destruction de l'armée était présent à leurs yeux ; ils n'épargnèrent aucuns détails, jetant ainsi l'épouvante dans toutes les âmes. *Les scènes* de Fontainebleau recommencèrent à l'Élysée... C'était encore les mêmes personnages, la même impudeur.

« Comme je sortais, je rencontrai le duc de Bassano qui n'avait pas quitté l'Empereur : « Tout est perdu ! » me dit-il, en me serrant la main. Maret était abîmé de douleur ; son récit me navra, et je répétai avec lui : Tout est perdu !

« Depuis l'arrivée de l'Empereur, j'étais dans un état que j'essayerais en vain de décrire. Je croyais avoir épuisé à Fontainebleau tout ce qui peut désoler le cœur ; je me trompais. Ici, les tourments se renouvelaient sous un aspect plus affligeant encore. En 1814, l'étranger vainqueur, dans nos murs, nous dictait des lois ; nous subissions le sort du vaincu... mais, à cette heure, le gouvernement était encore nôtre ; l'Empereur se trouvait à Paris au milieu de nous ; l'esprit public des provinces et de la capitale repoussait l'ennemi et une seconde restauration ; avec le concours éclairé des pouvoirs constitués, on pouvait sauver le pays ! Qui donc est venu se jeter entre la nation et son chef ? Qui donc a consommé notre ruine ?

« Je rentrai chez moi pour me recueillir quelques instants. Cette succession de chagrins usait mon courage. Il n'était pas dans mon organisation de prendre les choses tièdement, et je me sentais défaillir devant cette tenacité du malheur. Deux heures après, je retournai à l'Elysée, où le conseil était convoqué.

« Tous les ministres étant présents, le duc de Bassano lut le bulletin du Mont-St-Jean, qui devait être publié quelques heures plus tard. A cette sentence de mort, l'Empereur ajouta avec dignité : « L'armée s'est couverte de gloire.
« Des défections, des malentendus, une inex-
« plicable fatalité, ont rendu inutile l'héroïque
« valeur des troupes. Nos malheurs sont
« grands..... Si l'on veut m'aider, ils sont ré-
« parables... Je suis revenu à Paris pour im-
« primer un beau et noble mouvement. Si le
« peuple se lève, l'ennemi sera écrasé... Si, au
« lieu de recourir à de promptes mesures, à
« des sacrifices extraordinaires, on dispute,
« on discute, tout est perdu... L'ennemi est
« en France; dans huit jours il sera aux por-
« tes de la capitale.

« J'ai besoin, pour sauver la patrie, d'un

« grand pouvoir, d'une dictature temporaire.
« Dans l'intérêt de tous, je devrais me saisir
« de ce pouvoir... Mais il est utile, il sera plus
« national qu'il me soit conféré par les cham-
« bres. »

« Personne ne répondit; chacun baissa les yeux. Je me trompe, Fouché promenait son regard oblique sur le visage de ses collègues, pour épier leurs dispositions.

« L'Empereur interpella Carnot. Sa réponse fut franche et énergique. « Il faut, » dit-il,
« déclarer la patrie en danger; appeler aux
« armes tout ce que la France renferme de
« patriotes; mettre Paris en état de siége et le
« défendre jusqu'à la dernière extrémité, ou
« bien se retirer derrière la Loire, s'y retran-
« cher, rappeler l'armée de la Vendée, les
« corps d'observation du Midi, et tenir l'en-
« nemi en échec, jusqu'à ce qu'on puisse réu-
« nir et organiser des forces suffisantes pour
« reprendre l'offensive et le chasser hors de
« France. »

« Je ne partageais pas l'avis de Carnot à l'égard de la retraite sur la Loire. Je rappelai les événements de 1814, et je soutins, avec

toute la vivacité d'une conviction profonde, que l'occupation de la capitale par l'ennemi déciderait, une seconde fois, et dans le même sens, du sort du trône impérial. « Il faut, » dis-je, « que
« le salut de l'état ne dépende pas de telles ou
« telles mesures isolées, de la bonne ou de la
« mauvaise volonté des pouvoirs. (Et je fixai les yeux sur un certain personnage.) Il faut,
« Sire, que Votre Majesté soit revêtue d'une
« dictature absolue; il faut que la nation fasse
« un grand effort; que les Chambres fassent
« leur devoir en ne séparant pas la cause du
« pays de celle de son chef. Le salut de la
« France est à ce prix. »

« Fouché, au fur et à mesure que je parlais, avait combiné ses moyens. Ma proposition eût déjoué ses intrigues, ruiné son plan arrêté de perdre Napoléon et de disposer du trône suivant l'occurrence. Trop habile pour me combattre en face, il réunit sa voix à celles de nos collègues, qui furent unanimement de mon avis. Il renchérit sur la sagesse de la mesure que Carnot et moi proposions; sur la justesse de mon observation par rapport à l'occupation de Paris par l'ennemi; puis, avec une perfide

bonhomie, il ajouta : « Cependant, je crois
« que ces mesures doivent être déférées aux
« Chambres ; en leur montrant de la bonne foi
« et une entière confiance, on parviendra à
« leur faire comprendre que leur devoir est de
« se réunir à Sa Majesté l'Empereur, pour sau-
« ver ensemble, par d'énergiques efforts, l'in-
« dépendance de la nation. »

« En finissant, ses yeux glauques allèrent
insolemment chercher les miens, comme pour
me jeter un défi de l'emporter sur son habileté. J'avais saisi sa détestable intention, en
proposant la sanction des chambres ; il semblait me dire : Vous avez beau faire, il n'en
sera que ce que je voudrai. Je vous l'ai dit déjà,
entre cet homme et moi, il y avait une de ces
antipathies qui se résolvent en haine d'un côté,
en haine et mépris de l'autre.

« Decrès se récria sur l'insinuation de Fouché, et déclara qu'on aurait tort de se flatter
de pouvoir gagner les députés ; qu'ils étaient
disposés à se porter aux plus violents excès.

« Regnault ajouta qu'il ne croyait pas que
les représentants consentissent à seconder les
vues de l'Empereur, et qu'on disait assez librement qu'il ne pouvait plus rien pour la France.

« Parlez nettement, » lui dit l'Empereur,
« c'est mon abdication qu'ils veulent... n'est-ce
« pas? »

« — Je le crains, Sire, et, quelque pénible
« que soit pour moi l'obligation de dire la vé-
« rité à Votre Majesté, je crois que si elle
« n'abdiquait pas de son propre mouvement,
« la chambre exigerait l'abdication. »

« — Eh bien! duc d'Otrante? » dit l'Empe-
pereur, en jetant sur Fouché un regard foudroyant, auquel celui-ci ne répondit que par
un geste obséquieux d'incrédulité..... « Eh
« bien? »

« Lucien, exaspéré, s'écria avec feu : « Je
« me suis trouvé dans d'autres crises... aussi
« difficiles... C'est en temporisant qu'on perd
« la patrie... Si la chambre ne veut pas secon-
« der l'Empereur, il peut se passer de sa molle
« assistance. Le salut de la patrie est la pre-
« mière loi de l'état. Si la chambre ne veut pas
« se joindre à l'Empereur pour sauver la
« France, il faut qu'il la sauve seul; il faut
« qu'il se déclare dictateur, qu'il mette la
« France entière en état de siége, qu'il ap-
« pelle à sa défense tous les vrais Français. »

« Carnot appuya fortement Lucien : « Je

« fais céder, » dit-il, « mon opinion person-
« nelle devant la nécessité, et je déclare que
« je considère comme indispensable que le
« chef de l'état soit, pendant la durée de la
« crise actuelle, revêtu d'une autorité absolue.

« La nation, » reprit l'Empereur d'une voix
tonnante, « n'a pas envoyé les députés pour
« me renverser, mais pour me soutenir ; mal-
« heur à eux si la présence de l'ennemi sur le
« sol de la patrie les trouve sans énergie et ne
« réveille pas leur patriotisme !..... Quelque
« chose qu'ils fassent, je serai toujours soutenu
« par le peuple et par l'armée... Si je disais un
« mot, ils seraient tous assommés... Ils jouent
« gros jeu... n'importe ! je n'emploierai pas ce
« moyen, je veux mettre le bon droit de mon
« côté.

« Le patriotisme de la nation, son antipa-
« thie pour les Bourbons qu'on lui tient en
« réserve, son attachement à ma personne
« nous offrent encore d'immenses ressources,
« si nous savons en profiter. »

Il passa successivement en revue les moyens
de réparer les désastres de Waterloo ; il traça
à grands traits le tableau des malheurs qui me-

naçaient la France, et termina par l'exposé d'un admirable plan de la défense et d'attaque à opposer à l'envahissement de l'ennemi. Tous les regards étaient attachés sur lui ; toute l'attention était concentrée sur les élaborations de cette magnifique intelligence que ne pouvaient amoindrir ni les fatigues, ni les revers, ni les entraves qu'on lui suscitait.

« Les diverses nuances d'opinion des membres du conseil se fondirent dans une seule et se réunirent pour approuver les dispositions de l'empereur. On arrêta les mesures qui devaient en faciliter l'exécution immédiate. Il fut décidé que les ministres se rendraient en corps à la chambre et feraient une communication officielle, sauf à prendre une résolution suivant l'urgence des circonstances.

« J'ai trahi pour vous, » dit le duc en souriant, « les secrets d'Etat ; je vous ai fait entrer au conseil avec moi, pour vous donner une idée vraie de l'épouvantable position où se trouvait Napoléon et des motifs qui ont arraché la seconde abdication. Beaucoup de gens la lui reprochèrent comme un acte de faiblesse ; c'est ainsi qu'on écrit l'histoire par conjectures.

« Le conseil fut interrompu par un message de la chambre des représentants. Je vous ferai grâce de la teneur littérale de l'ultimatum adressé à l'empereur. La chambre se déclarait en permanence, qualifiait crime de haute trahison toute tentative pour la dissoudre, et traître à la patrie quiconque porterait atteinte aux droits des représentants, etc.

« Les ministres de la guerre, des relations extérieures et de l'intérieur étaient invités à se rendre sur le champ dans le sein de l'assemblée.

« L'empereur, pâle de colère, se leva, et frappant avec violence sur le bureau, s'écria avec l'accent de l'indignation : « j'aurais dû
« congédier ces gens-là avant mon départ. Je
« l'ai prédit, ces factieux perdront la France !
« Je mesure toute l'étendue du mal, ils sont
« en pleine révolte contre l'autorité légitime.
« J'ai besoin de réfléchir, » et il leva la séance.

« Je n'ai rien vu de plus hideux que l'expression sardonique répandue, dans ce moment, sur la physionomie de Fouché.

Indigné et tout à fait exaspéré, je déclarai que, quant à moi, persuadé que j'étais de l'inutilité de chercher à convaincre des gens qui ne voulaient pas être convaincus, je ne me rendrais pas aux ordres intimés par les représentants, à qui je ne reconnaissais pas le droit de me mander à leur barre.

« L'empereur irrité, envoya Regnault à la chambre des députés, porteur de paroles dignes et convenables; et Carnot à la chambre des pairs, chargé de la même communication; il y fut écouté avec calme. Régnault à la chambre des députés ne put parvenir à obtenir même du silence; on refusa de l'entendre, et un second message vint enjoindre impérativement aux ministres désignés par le premier, de se présenter à la chambre sur le champ.

« Je ne vous ferai pas suivre, » continua le duc, « la filière de tourments et de dégoûts dont la fin de ma carrière politique fut abreuvée: Tous les mémoires, lorsque vous aurez le courage de les lire, vous diront l'incohérence, la turbulence, la déplorable incurie dont les pouvoirs représentatifs de cette époque offrirent l'affligeant tableau.

« Les événements se pressent; il ne faut plus compter les jours, mais les heures, les minutes. L'abdication a été arrachée à Napoléon;

il se démet, pour la dernière fois, du trône en faveur de son fils. Cette concession aura le sort de toutes les concessions faites par le pouvoir aux exigences des factieux ; elle ne remédiera à rien, elle ne sauvera pas la France déchirée par les partis, abandonnée à des mains inhabiles. L'abdication laisse le champ libre à toutes les spéculations politiques.

« Les républicains veulent établir un gouvernement fédératif ; les impérialistes, forts du vœu de la nation, veulent Napoléon II et la régence ; un parti formé des orateurs les plus fougueux de l'assemblée travaille dans l'ombre à porter au trône M. le duc d'Orléans ; d'autres penchent pour le prince de Suède ; d'autres pour le prince d'Orange. Vous riez? » dit le duc, en riant lui-même, « j'ai l'air de vous débiter un conte improvisé pour endormir un enfant gâté ; et à notre honte ce sont des pages de l'histoire de France. Dans ces diverses combinaisons, vous distinguez sans peine celles des dupes honnêtes gens, des machinations de misérables qui dans tous les temps font métier et marchandise des intérêts du pays.

« Tandis que les partis sont en quête d'un

souverain de leur choix, un homme qui les jouait tous replace sur le trône la famille exilée. Il n'a pas cessé de correspondre avec Gand, ses conditions sont faites ; le vote sanglant de 93 a reçu le baptême de l'amnistie. En retour de la France, qu'il livre aux Bourbons, ceux-ci donneront à l'Europe consternée l'incroyable spectacle de Fouché le régicide, ministre délibérant dans les conseils du frère de Louis XVI.

« J'étais auprès de l'empereur lorsqu'arriva la députation de la chambre des députés chargée de lui exprimer le respect et la reconnaissance avec lesquels elle acceptait le sacrifice qu'il avait fait à l'indépendance et au bonheur du peuple français.

« L'empereur, fier et digne, l'accueillit froidement ; mais entraîné par les sentiments qui le débordaient, son discours fort de raisonnement, plein de hautes et grandes pensées, ses recommandations si nobles pour la prospérité et la gloire nationales, émurent tous les assistants. Lanjuinais lui-même contenait avec peine une vive émotion, et plus d'un regret peut-être se fit jour dans quelques consciences.

« Après le départ de la députation, Régnault dit qu'il s'estimait heureux d'avoir décidé la chambre à adopter cette mesure respectueuse. « Ah ! » dit l'Empereur avec l'accent du dédain, « cette délibération est votre « ouvrage ?

« — Oui, sire.

« — Eh bien, vous auriez dû vous ressou-« venir que le titre d'empereur ne se perd pas, » et il lui tourna le dos.

« L'empereur avait ses raisons pour traiter ainsi Régnault. Dans cette délibération on avait substitué au titre d'empereur la dénomination de *Napoléon Bonaparte*. C'était une lâcheté que n'eût pas dû souffrir le ministre d'état de l'empereur, avec d'autant plus de raison qu'en reconnaissant à Napoléon le droit d'abdiquer, c'était une reconnaissance formelle de sa dignité. Tout cela fait pitié.

« L'horrible contrainte que s'imposait l'empereur pour paraître calme en public, disparaissait dans les épanchements de l'intimité. Alors il était profondément malheureux. Ainsi que je l'éprouvais moi-même, il ressentait une âpre douleur d'attribuer à des Français les outrages dont on l'abreuvait. « Caulaincourt, » me di-

sait-il, « je quitte le trône sans regret... cette
« dernière expérience des hommes brise sans
« retour les trompeuses illusions qui rendent
« supportables les déboires du pouvoir... Je
« n'ai plus de foi dans le patriotisme, ce n'est
« qu'un mot qui exprime une noble idée.
« L'amour du pays, c'est l'amour de soi, de
« sa position, de son intérêt personnel... l'in-
« térêt ! ce misérable motif est tout, tout en
« France aujourd'hui.

« Il n'y a plus de foi, plus de probité dans
« le lien qui unit la nation à son souverain...
« ce fait est grave... La France marche à sa
« décadence... l'avenir est plein de désastres...
« Les rois foulent un sol volcanisé... Les Bour-
« bons ont déshérité la couronne de l'auréole
« dont je m'étais efforcé de l'entourer. Les
« maladroits !.... Ils n'ont pas compris qu'en
« méconnaissant notre gloire, nos conquêtes ;
« qu'en démonétisant les grandes et belles
« œuvres qui ont relevé le trône, ils le dé-
« pouillaient de son prestige... je n'ai pas joué
« à la royauté, moi ; je l'ai faite grande, forte
« et respectée ; je l'ai présentée sous une forme
« nouvelle à ce peuple qui n'en voulait plus...

« j'avais entassé sur ce trône national tout ce
« qui a émerveillé le vulgaire, et en enlevant
« le velours d'or qui le recouvrait, les impru-
« dents ont laissé voir les planches... »

Ah! pensai-je, frappé de ces prophétiques paroles, la France a vu passer ses plus beaux jours ! le souverain qui s'asseoiera sur le trône, après Napoléon, pourra régner peut-être ; mais gouverner, jamais. »

CHAPITRE X.

« Les représentants en pleine révolte se livraient aux plus fougueuses déclamations. En vain Lucien, Labédoyère, Boulay de la Meurthe, Flahaut, Ségur et tous les amis de l'Empereur, soutiennent la validité de l'hérédité de Napoléon II, en vertu de l'abdication. Des avocats, tels que M. Dupin, se font remarquer par leur acharnement à repousser la cause impériale, et à faire prévaloir je ne sais quel système bâtard, qui n'est ni la république ni l'empire. Le temps s'use dans ces fastidieux discours qu'interrompent fréquemment de nombreux et violents murmures ; mais le brandon de discorde est lancé, la question reste indécise, et les ennemis de l'Empereur ont atteint leur but.

« Fouché, président du gouvernement provisoire (dont je faisais également partie), était régent de fait. C'était le centre auquel aboutissaient tous les intrigants ; et, par mille ressorts cachés, il disposait des délibérations de l'assemblée. Interpellé, pressé, par les hommes de bonne foi de s'expliquer, de déclarer ses intentions, Fouché répondit qu'il n'avait jamais prétendu méconnaître les droits de Napoléon II ; mais que ce prince n'ayant été encore reconnu par aucune puissance, on ne pouvait traiter en son nom avec elles ; qu'il fallait donc, ainsi que le proposait le député Dupin, stipuler provisoirement au nom de la nation, afin d'ôter aux ennemis tout prétexte de repousser les négociateurs que la chambre désignerait.

« Cette réponse, inspirée par un diabolique machiavélisme, renfermait une perfidie manifeste. La vacance du trône se trouvait ainsi déclarée. C'était en laisser la pleine et entière disposition aux puissances qui s'avançaient à marches forcées sur la capitale. Nous fîmes ce qu'on pûmes pour qu'on appréciât les conséquences funestes de cette mesure ; mais les déclamations passionnées de nos antagonistes avaient fatigué l'attention générale, et l'on trouva plus commode d'adopter l'opinion exprimée par Fouché que de la combattre.

« Pendant ce règne usurpateur des chambres, l'attitude de la population parisienne était remarquable. Le bon sens des masses juge avec une incroyable sagacité l'habileté de ses gouvernants. On suivait avec une douloureuse impatience la marche sans but, sans unité, du pouvoir législatif, et l'on sentait fort bien que ce n'était pas avec de furibondes harangues de tribune qu'on sauverait le pays... L'ennemi était à dix lieues de Paris.

« L'Empereur, prisonnier à l'Élysée, excitait la sympathie du peuple qui se montrait menaçant et jetait l'épouvante dans la capitale. Des bandes de fédérés parcouraient les rues en faisant entendre des menaces contre les représentants ; la force armée, aux ordres de Fouché, entourait la chambre et protégeait ses délibérations ; et les abords de l'Élysée étaient encombrés d'une foule furieuse qui mêlait des cris de mort aux cris de *vive l'Empereur.* C'était effrayant.

« Ce palais, investi au dehors par une populace délirante, dans l'intérieur, est une vaste solitude. C'est un lieu empesté d'où ont fui tous ces hommes sans foi, sans honneur, que la fortune attire, que le malheur éloigne. La garde, la fidèle garde impériale n'entoure plus Napoléon. Heureux sont ceux qui ont enseveli leur gloire dans le champ de bataille de Waterloo où ils dorment de leur dernier sommeil ! Bientôt les malheureux qui ont survécu à ce grand désastre ne sauront où reposer leur tête meurtrie et déjà proscrite ; ils déroberont sous un sarreau de toile les insignes de leur immortelle gloire. Oh ! que de haines légitimes doivent encore couver dans ces cœurs froissés !

« Quelques débris de ces héros, oubliés dans les hécatombes du mont St-Jean, se sont traînés jusqu'à Paris, jusqu'à l'Élysée, où est leur Empereur. Ils sont là, sans ordres, sans chefs, soufferts à peine : n'importe, ils sont là... Un seul factionnaire mal vêtu veille à la porte du héros qui naguère comptait sous ses étendards des nombreuses armées. Que de douleurs incomprises ! que de déchirements dans ces dernières convulsions de son existence politique !

« Sa position à l'Élysée est sans exemple dans l'histoire. S'il l'eût voulu, d'un seul mot il pouvait anéantir les traîtres. Ce peuple en furie, qui l'entoure en poussant des cris sauvages, obéira au moindre signe qui l'autorisera à se ruer sur tout ce qui fait obstacle entre Napoléon et la nation. Mais l'Empereur ne peut se décider à provoquer des scènes de carnage ; il sait que la justice du peuple est terrible...

« Cependant je me rendis auprès de lui pour lui rendre compte de ce qui se passait à la chambre des députés. J'eus beaucoup de peine à pénétrer à l'Elysée. Il me fallut à plusieurs reprises haranguer la foule, pour obtenir le passage de ma voiture ; et quoique ces gens fussent de nos amis, entre nous, ces figures m'épouvantaient.

« Je trouvai l'Empereur très-impatient de savoir ce qui se passait, mais bien plus préoccupé encore de l'entourage de cette populace, dont les cris retentissaient jusqu'à lui.

« Ceci est déplorable, » me dit-il en se portant à ma rencontre ; « cette foule peut se por-

« ter aux derniers excès, et l'on m'en accusera.
« Ils veulent me servir et ils nuisent à ma
« cause. Quel effet ces démonstrations pro-
« duisent-elles dans Paris ?

« — Paris, » répondis-je, « est dans la stu-
« peur. Beaucoup de personnes ont fui. Pres-
« que tous les hôtels sont fermés et paraissent
« inhabités. Je n'ai pas rencontré un chapeau
« propre dans les rues que je viens de parcou-
« rir. On craint du désordre pour cette nuit.

« — C'est déplorable, c'est déplorable.....
« Il fait ici une chaleur étouffante ! Sortons. »

« Le jour tombait ; nous nous dirigeâmes du côté du jardin anglais, pour éviter les regards de la foule qui formait une ceinture à l'extérieur.

« Eh bien ! que se passe-t-il à la chambre ? »

« Je lui dis ce que je viens de vous raconter.

« — Tout est perdu alors... Ils ne sentent
« pas qu'en déclarant la vacance du trône, ils
« le livrent au premier occupant... Les puis-
« sances ne traiteront pas, elles dicteront
« leurs conditions et l'on y souscrira... Tout
« ceci est préparé à l'avance... Fouché est un
« misérable qui sait bien ce qu'il fait, lui !....

« La majorité de la chambre repousse les
« Bourbons, et cependant ce sont les Bour-
« bons qu'on ramènera indubitablement, en ne
« proclamant pas Napoléon II... Il est très-
« différent pour les puissances d'avoir à ren-
« verser un gouvernement établi, appuyé par
« les pouvoirs constitués, par l'armée, par la
« garde citoyenne, par les masses, ou de trou-
« ver un gouvernement en dissolution, déchiré
« par les factions et en proie à la plus com-
« plète anarchie... En abandonnant les droits
« de mon fils, ils ne comprennent pas qu'ils
« font la partie belle à l'étranger... La France
« est à sa discrétion..... Le pays paiera cher
« l'incurie de ses représentants ! »

« A ce moment nous fûmes interrompus par un grand tumulte venant du côté des Champs-Elysées. On distinguait des acclamations, des cris de *vive l'Empereur!* puis une explosion de bravos forcenés se fit entendre.

« L'épisode suivant, jeté à travers ces grandes scènes politiques, révèle un fait d'une haute gravité et qui donne la clef de beaucoup d'autres. Nous connûmes enfin les causes secrètes qui nous avaient échappé jusqu'alors.

Tout fut éclairci, et les moyens qui avaient consommé notre ruine à Waterloo, et la rapidité fabuleuse des événements qui déconcertaient toutes les prévisions.

« Un bruit de voix dans le jardin attira, disais-je, notre attention; nous nous arrêtâmes, et, à travers les arbres nous aperçûmes, entre deux grenadiers, une femme élégamment vêtue, pâle et effarée, se dirigeant vers les bâtiments. « Qu'est-ce que cela ! » dit l'Empereur étonné.

« Je m'avançai rapidement. « Où allez-
« vous ? » criai-je aux gardes, « que voulez-
« vous, madame ? »

« Mais cette femme épouvantée semblait avoir perdu la tête. Je réitérai ma question. Enfin, de la plus douce voix du monde, elle articula ces mots entrecoupés par des larmes :
« Protégez-moi, monsieur !... Oh ! je vous en
« supplie..... Je veux parler à l'Empereur,
« monsieur ?... Il faut que je lui parle.

« — Tout ça, » interrompit brusquement un des grognards, « c'est pas des raisons pour
« passer comme un boulet par dessus les murs »
et, toisant la frêle créature de la tête aux

pieds), « ça m'a l'air suspect, à moi, c'te ma-
« nœuvre-là... Y a des assassins qui se dégui-
« sent... On a vu ça... En Egypte... »

« Je ne pus réprimer un sourire, la pauvre
femme ne ressemblait guère à un assassin.

« — Monsieur, » reprit-elle, « je vous en
« prie, faites-moi parler à l'Empereur.

« — Cela est impossible, madame. Mais
« d'abord, comment êtes-vous entrée dans ce
« jardin ?

« — Comment ! comment ! (et son regard
exprimait un indicible effroi.) Une foule
« hideuse, épouvantable, m'a portée jusqu'à
« la hauteur de la terrasse, et j'ai sauté dans
« le jardin... Un abîme se serait trouvé sous
« mes pas que je m'y serais précipitée, mon-
« sieur, pour fuir mes terribles protecteurs...

« A travers mille dangers, j'étais parvenue
« jusqu'à la porte de l'Elysée ; le suisse n'a
« pas voulu me laisser entrer ; il m'a re-
« poussée, et alors... alors, folle, égarée, j'ai
« crié que je voulais parler à l'Empereur, de
« la part de mon mari, capitaine dans la garde
« impériale... J'ai dit qu'il m'avait chargée de
« papiers qui pouvaient sauver l'Empereur...

« Je ne sais pas tout ce que j'ai dit encore.....
« J'étais folle, Monsieur... Cette foule en gue-
« nilles qui m'entourait... Quelques-uns se sont
« écriés : « C'est une bonne patriote, il faut la
« protéger, il faut lui faire parler à l'Empe-
« reur, puisqu'elle dit qu'elle a de quoi le
« sauver. » Et ces hommes qui me faisaient
« mourir de peur, m'ont entraînée du côté
« des Champs-Elysées, ils traversaient la foule
« qui s'ouvrait à leur voix comme par enchan-
« tement. Arrivés en face du palais, ils m'ont
« soulevée dans leurs bras, et, montée sur
« les épaules les uns des autres, je vous l'ai
« dit, monsieur, ils m'ont déposée sur le mur
« de la terrasse. Ces braves gens, » ajouta-t-
elle, en lançant un regard inquiet sur ses gar-
diens, « sont accourus vers moi, ils m'ont
« amenée de ce côté. »

« L'Empereur, caché par les arbres, avait
écouté. Il se présenta tout-à-coup : « Que me
voulez-vous, madame? » dit-il avec bonté.

« Sire !... ah sire !.. » et saisie d'un affreux
tremblement, elle essayait en vain de détacher
les épingles qui retenaient sa robe croisée sur
sa poitrine.

« — Rassurez-vous, madame... Voyons,
« qu'avez-vous à me remettre? »

« Elle retira alors de son sein quelques papiers que l'Empereur prit et lut avidement. A mesure qu'il les parcourait, ses traits se contractaient, et, oubliant ce qui l'entourait, il les froissa convulsivement entre ses mains. Son agitation était si vive qu'il ne pensait pas à congédier cette dame qui paraissait prête à succomber de fatigue. Enfin l'Empereur lui dit : « Votre mari est un digne homme, ma-
« dame... Je ne puis plus récompenser le dé-
« vouement, mais...

« — Sire, » interrompit-elle vivement, « la
« seule récompense que mon mari ambitionne
« est de verser le reste de son sang pour Votre
« Majesté.

« — Dites-lui, madame, que, moi, je don-
« nerais le mien pour racheter les malheurs
« de mes braves compagnons d'armes... Adieu,
« madame ; vous êtes une courageuse femme...
« je vous remercie.

« — Sire, que faut-il faire de cet homme?
« Votre Majesté veut-elle le faire interro-
« ger ?

« — Rendez-lui la liberté, madame. Débar-
« rassez-vous de cet infâme... il est trop tard! »

« J'admirais cette gracieuse et délicate personne, au cœur généreux, à l'héroïque dévouement. Faible femme, à travers mille dangers elle avait rempli un devoir, et ma pensée se reportait indignée vers ce lieu où, en ce moment même, des hommes oubliaient et leurs devoirs et leur patrie....

« Elle restait indécise, et, regardant avec terreur autour d'elle, elle semblait demander grâce pour son abandon. Je la compris. Soutenue par l'exaltation, elle avait méprisé le péril pour arriver, et elle ne retrouvait plus le courage de braver cette foule qui l'avait tant effrayée. Ma voiture était dans la cour, je l'y fis monter, et je donnai l'ordre de reconduire cette dame chez elle.

« L'Empereur était rentré dans son cabinet; il se promenait les bras croisés sur sa poitrine; absorbé dans ses réflexions, il ne semblait pas s'apercevoir de ma présence. J'étais curieux d'apprendre le contenu de ces papiers parvenus à leur adresse d'une si étrange manière, mais je n'interrogeais jamais l'Empereur. Il

s'approcha de son bureau, s'assit et se mit à les parcourir de nouveau. « Malédiction !!! » s'écria-t-il « lisez... lisez, Caulaincourt, c'est
« à prendre en haine tout ce qui porte le nom
« d'homme, si quelques rares exceptions ne
« venaient plaider la cause de l'espèce hu-
« maine ! »

« Voici, » nous dit le duc, « le résumé de cette mystérieuse aventure.

« Un capitaine de la garde, nommé Delort, blessé à l'affaire du mont Saint-Jean, parvint à gagner Charleroy. Sa blessure n'était pas assez dangereuse pour l'empêcher de continuer sa route; un ami domicilié dans cette ville lui prêta sa voiture, et à prix d'or lui procura deux vigoureux chevaux pour le conduire à Paris. Un sergent de la compagnie, blessé aussi, l'accompagnait. Arrivé à Amiens, le capitaine descend dans un hôtel pour laisser reposer les chevaux. Au moment de repartir, un homme bien mis s'approche et lui dit que, chargé d'une mission importante pour le gouvernement, après des peines infinies pour arriver jusqu'à Amiens, il manque absolument de moyens de transport pour continuer sa route; il demande la faveur d'obtenir une place dans la voiture du capitaine, en offrant de contribuer aux frais. M. Delort accorde la place, refuse les frais, et ils se dirigent vers Paris. La conversation s'établit, et le nouveau venu qui paraît très au courant des événements, parle de la bataille de Waterloo; il fait le dénombrement des troupes étrangères; à plusieurs reprises il redresse des erreurs commises par le capitaine sur l'effectif réel des forces françaises qui ont combattu; il annonce librement que la cause de Napoléon est perdue et que, avant huit jours, les alliés seront sous les murs de Paris. Quel est cet homme qui n'appartient pas à l'armée et qui est si bien instruit de ce qui la concerne? Des réticences, beaucoup de questions éveillent les soupçons du brave capitaine; il provoque d'autres détails, et bientôt il ne doute plus que son homme ne soit un espion de l'étranger.

« Dans les différentes haltes sur la route, il communique à son sergent ses soupçons sur leur compagnon de voyage, et ils conviennent de leurs faits.

« Le capitaine possède une maison de campagne à Saint-Ouen, où sa femme habite en ce moment ; c'est sur la route qui conduit à Paris, et Delort se fait naturellement conduire chez lui. Il offre à l'inconnu d'entrer, et le prie d'accepter son déjeuner. Bref, aidé du sergent, il s'empare militairement de l'homme et de son porte-manteau, et il acquiert la preuve que ce misérable, gagé par la police, parti de Paris avec la mission apparente d'aller en Belgique, pour se procurer des renseignements sur les forces et les mouvements de l'ennemi, était chargé au contraire de lui porter les informations les plus précises sur nos forces et nos mouvements. Delort et son sergent, furieux, exaspérés par le souvenir palpitant du champ de bataille de Waterloo, veulent faire justice expéditive de ce scélérat ; mais cependant le capitaine réfléchit qu'il vaut mieux l'enfermer solidement dans la cave. Puis il cherche un prompt moyen de faire remettre à l'Empereur lui-même ces preuves écrites de la trahison des ministres chargés du gouvernement pendant son absence. Sa jambe blessée ne lui permet pas de marcher ; il ne peut assez compter sur l'intelligence de son sergent, qui d'ailleurs ne parviendra pas à approcher de l'Empereur, et ces papiers ne peuvent être confiés à aucun intermédiaire, car il voit l'Empereur entouré de traîtres.... Sa femme est la fille d'un colonel mort au champ d'honneur, elle a été élevée à Ecouen, et son amour pour Napoléon est de l'idolâtrie. C'est elle qu'il charge de cette difficile mission. Fière de la confiance de son mari, appréciant toute l'importance de cette communication, la courageuse femme part pour Paris, résolue à surmonter toutes les difficultés afin d'arriver jusqu'à l'Empereur. Ce ne fut qu'en approchant de l'Élysée que le cœur lui manqua en apercevant cette multitude. Ce n'étaient plus des difficultés ordinaires à vaincre, c'étaient des périls réels à affronter. Un moment démoralisée, elle hésite; mais le salut de Napoléon, de la France peut-être, est à ce prix !... Elle jette un regard suppliant vers le ciel pour y chercher un appui, et s'élance tête baissée au milieu de ces bandes de gens armés.

« — Pauvre, pauvre femme !... était-elle jolie ? » demandai-je.

« — Peut-être pas précisément, » me répondit le duc en riant, « mais dans ce moment elle me sembla charmante. La gravité des événements absorbait d'ailleurs toutes les sensations. Tout ceci n'avait pas duré une demi-heure, et cette femme ne fixa pas une minute de plus ma pensée. De quart d'heure en quart d'heure, il arrivait à l'Empereur des nouvelles de la chambre; l'orage grossissait; les grondements nous en étaient transmis par de fidèles messagers; la foudre éclata enfin.

« Qu'on le sache bien, ce ne furent pas les insolentes insinuations des représentants qui décidèrent l'Empereur à quitter la capitale où les meneurs le voyaient avec effroi. Las du trône, las des hommes, il les méprisait trop pour les redouter; il céda non à la crainte, mais au dégoût que lui inspiraient leurs lâchetés. Il ne voulut pas que le sang coulât dans les rues de Paris pour le triomphe de sa cause.

Le 25 à midi, il partit de l'Élysée pour la Malmaison. « Restez ici » me dit-il, « empêchez
« le mal autant qu'il sera en votre pouvoir.
« Carnot vous secondera, c'est un honnête
« homme... Tout est fini pour moi; ne vous
« occupez que de la France et ce sera me ser-

« vir encore... Du courage, Caulaincourt... Si
« vous abandonnez la partie, si tous les hon-
« nêtes gens se retirent de la commision, ce
« misérable Fouché vendra la France à l'étran-
« ger.

« — Tout est fini... tout est consommé... »
répondis-je, totalement découragé. « Je reste-
« rai, sire, dans la seule vue d'être encore de
« quelque utilité à votre majesté. »

CHAPITRE XI.

« La commission du gouvernement tenait ses séances aux Tuileries, sous la présidence du duc d'Otrante. Ce que j'ai souffert pendant les derniers jours de la crise ne peut se comprendre... Je n'avais pas, comme en 1814, pour me soutenir dans cette affreuse lutte, la conscience d'être vraiment utile à l'Empereur. Actuellement, je ne pouvais que chercher à détourner les vexations dont il était l'objet; j'étais là en vigie pour signaler le danger et élever une voix amie, s'il y avait lieu.

« La présence de l'Empereur à la Malmaison inquiétait Fouché; il fit partager ses craintes aux représentants, et l'un d'eux, le général

Becker, fut désigné pour l'accompagner à l'île d'Aix, jusqu'à son embarquement. On l'expédia aussitôt à la Malmaison pour surveiller les mouvements du prisonnier... Napoléon ne s'y trompa pas ; mais jugeant au dessous de lui de témoigner, par des paroles, le mépris que lui inspirait la conduite qu'on tenait à son égard, il ne sortit pas des bornes de la modération. Au reste le général Becker fut bien et convenable : l'Empereur n'eut pas à se plaindre de lui.

« Dans mes allées et venues à la Malmaison, nos entretiens si tristes, si douloureux, n'étaient plus marqués par les emportements de Fontainebleau. Ici tout ce qui peut révolter une grande âme, tout ce qui peut envenimer une plaie mortelle, se réunissait pour l'accabler, pour tuer sa bouillante énergie. Il en était arrivé à ce point où les paroles manquent pour exprimer une incommensurable souffrance. « Ce séjour, » me disait-il, « est une peine
« de plus. Tous les objets qui frappent mes
« yeux les désolent... Cette Malmaison, la
« première propriété importante que j'aie
« possédée, je l'avais achetée avec les deniers
« de mes labeurs... La joie, le bonheur, rési-

« dèrent long-temps ici... Celle qui en faisait
« l'ornement a disparu; mes malheurs l'ont
« tuée.... Je ne prévoyais pas, il y a dix ans,
« qu'un jour je viendrais me réfugier ici pour
« fuir mes persécuteurs... Et qui sont mes
« persécuteurs? des gens que j'ai comblés, que
« j'ai fait grandir avec moi, profiter de mes
« travaux... Je me suis fait ce que j'étais, moi!
« eux sont ce que je les ai faits.... Quels sou-
« venirs j'emporterai de la France !...»

« Ces entretiens étaient déchirants. Je l'en-
gageais à partir et à prendre une prompte détermination sur la résidence qu'il voulait adopter.
J'étais dans une vive inquiétude ; l'ennemi entourait la Malmaison; Blucher avançait et les
détachements de son corps d'armée arrivaient
à Saint-Germain... Qu'allait devenir l'Empereur ?

« Il me parla de l'Angleterre et des Etats-
Unis. Rien n'était arrêté dans ses projets.
J'essayai une insinuation dont il saisit l'esprit.

« Non, » dit-il vivement, « cela ne se peut...
« il y a entre l'empereur Alexandre et moi
« des précédents qui me rendraient impossi-
« ble une démarche vis-à-vis de lui. »

« Hélas, » continua le duc, « le Niémen, Tilsitt et tant d'autres souvenirs se dressaient poignants entre Alexandre et Napoléon. Quels regrets devaient déchirer son âme !

« Il fallait cependant qu'il s'éloignât, il le fallait pour sa propre sûreté. Amis et ennemis, par des motifs différents, envisageaient son prompt départ comme indispensable. Decrès et Boulay de la Meurthe arrivèrent, nous le décidâmes à fixer son départ au lendemain.

« Je retournai à Paris, pour assurer les dispositions qui devaient précéder le voyage. J'allais repartir pour la Malmaison, lorsqu'arrive le général Becker chargé d'une lettre pour la commission. Becker dit que le matin l'Empereur a entendu le canon gronder à quelque distance; qu'électrisé par ce bruit, il s'est écrié : « Qu'on me rende le commandement,
« et je jure, foi de soldat et de citoyen, de m'é-
« loigner aussitôt que j'aurai délivré la capi-
« tale. Je ne veux que battre l'ennemi, l'écra-
« ser et le forcer à consentir à des négocia-
« tions qui ménagent les intérêts de la Fran-
« ce... Je ne veux pas ressaisir le pouvoir,
« Dieu m'en garde! je ne veux que me battre
« pour mon pays. »

La lettre de Napoléon apportée par Becker reproduisait à peu près cette noble détermination. Le duc d'Otrante, un moment effrayé, reprit bientôt sa fourbe accoutumée, et s'écria de sa voix aigre et discordante : « Est-ce *qu'il* « se moque de nous ! »

« Carnot et moi nous fîmes quelques objections en faveur du projet de Napoléon, et cependant, il faut le dire, son exécution offrait de graves dangers. Fouché s'emporta; on discuta vivement; la majorité fut contraire à cette mesure qui, je le repète, pouvait avoir de grands inconvénients dans la position critique où l'on se trouvait, dépourvus que nous étions de troupes suffisantes pour tenir tête aux forces immenses qui fondaient sur nous... Il n'était plus temps !

« Becker porta à la Malmaison la détermination du conseil; l'Empereur alors se décida à partir, et envoya Flahaut pour concerter avec la commission son départ et son embarquement. Le prince d'Eckmuhl se trouvait présent, et, soupçonnant dans ce nouveau message un subterfuge pour gagner du temps, il fit une virulente sortie dont je rougirais de vous redire les termes. Davoust, qui avait possédé des bienfaits de l'Empereur 1,800,000 livres de rentes, Davoust porta le cynisme de l'impudeur jusqu'à menacer *de faire arrêter Napoléon*, ou *de l'arrêter lui-même*. Cette infamie est écrite et consignée dans les mémoires du temps... Déjà l'ingrat porte la peine de sa forfaiture: la postérité est arrivée pour lui.

« Le départ de l'Empereur est enfin irrévocablement arrêté pour le 29 juin. Il se dirigera sur Rochefort; deux frégates seront mises à sa disposition, pour le transporter aux Etats-Unis d'Amérique où il devait fixer sa résidence. Il sembla, dès lors, recouvrer quelque calme, ce qui lui arrivait toujours lorsqu'il était parvenu à soumettre sa raison à la nécessité. Il faut avoir étudié les merveilleux ressorts de cette âme d'airain pour comprendre quelle violence il dut s'imposer afin de faire ployer sa volonté devant celle des autres. Napoléon avait la conscience de sa valeur personnelle, et, tout vaincu qu'il était par la force des événements, il savait bien que la nature l'avait créé le premier entre les hommes.

« L'Empereur, dans cette dernière circonstance, se montra ce qu'il fut partout et en tout

temps : toujours au dessus de sa position. Intérieurement dévoré de cruels chagrins, il sut en dissimuler les angoisses et se poser en maître devant ses persécuteurs. Il s'occupa froidement des préparatifs de son voyage et de quelques dispositions particulières. La veille de son départ, il fit mander le banquier Laffitte à la Malmaison ; il l'entretint avec la plus entière liberté d'esprit des affaires présentes, puis il lui donna en dépôt huit cent mille francs en espèces, et pour trois millions de bons ou de rentes, je crois. Il ne voulut pas prendre de reçu de ces sommes importantes, quelque insistance qu'employât M. Laffitte pour le lui donner. En me parlant de ces arrangements, l'Empereur me dit : « J'aurais confié de
« même les finances du royaume à M. Laffitte.
« Je sais qu'il n'était pas partisan de mon gou-
« vernement, mais c'est un honnête homme. »
C'est là un bel éloge de ce banquier dans la bouche de Napoléon, qui avait une prévention très-prononcée contre ce qu'il appelait les maltôtiers.

« Dans la matinée du 29, fixée pour le départ, je me rendis à la Malmaison. Cette ravissante résidence, dans toute la splendeur du mois de juin, offrait un désolant contraste avec la physionomie de ses habitants. La reine Hortense, et quelques amis dévoués qui n'avaient pas abandonné le proscrit, étaient plongés dans une morne tristesse. Dans ce magique séjour tout était délicieux, riant, animé, et, dans le cœur de chacun, tout était désenchanté, désolé. Nous l'avons tous éprouvé : que peuvent les jouissances du luxe contre cette détresse de l'âme qu'en vain l'on voudrait racheter aux dépens de tous ces biens ! et comme on se révolte de leur impuissance à sauver un ami, à nous consoler de sa perte ! Il est donc vrai que rien n'est positif que le malheur ! Mes réflexions me jetaient dans un découragement affreux ; ces dernières secousses m'avaient littéralement écrasé. A présent, je parle de ces circonstances avec résignation ; alors elles brûlaient, elles corrodaient mon sang.

« Lorsque j'arrivai, l'Empereur était seul dans son cabinet, assis devant son bureau ; sa tête reposait appuyée sur une de ses mains ; de l'autre il traçait des mots ; sa plume volait sur le papier poussé négligemment de côté. Sa pose était pleine d'abattement; toute sa personne trahissait cette souffrance contenue qui ravage intérieurement. En le voyant, on sentait qu'il avait épuisé toutes les misères morales; on frissonnait sous l'influence de ce regard profond où se lisaient des tortures inexprimables. Frappé dans sa gloire, dans sa considération; froissé dans tous ses sentiments, dans toutes ses affections; déshérité de l'avenir, il succombait de lassitude, sous les efforts qu'il faisait pour dissimuler l'horrible combat qui se livrait dans son âme; il employait toute son énergie à se raidir contre son impitoyable destin, à dompter l'irritation qu'excitaient en lui les dégoûts de sa position.

« J'approchai, il releva la tête, posa la plume, et, me tendant la main sans changer de posture : « Eh bien ! Caulaincourt, c'est
« boire le calice jusqu'à la lie... Je ne deman-
« dais à différer mon départ que pour aller
« combattre comme un simple soldat à la tête
« de l'armée; je ne voulais qu'aider à repous-
« ser l'ennemi... J'ai assez du pouvoir, je n'en
« veux plus, je n'en veux plus, » dit-il avec

véhémence..... « Je ne suis plus souverain,
« mais je suis soldat, toujours soldat; quand
« le canon gronde autour de moi, quand mes
« troupes sans chef, sans drapeau, oui, sans
« drapeau, vont être livrées, humiliées, sans
« avoir combattu, du feu circule dans mes
« veines, l'enfer est dans mon cœur... Je ne
« voulais que mourir glorieusement au milieu
« des miens. Les lâches! ils ont pénétré ma
« pensée... et d'ailleurs, ma coopération dé-
« rangeait leurs projets... La France est ven-
« due, ne faut-il pas qu'elle soit livrée sans
« coup-férir?... Il faut que les Français, que
« trente-deux millions d'individus se courbent
« devant l'arrogant vainqueur, sans lui dispu-
« ter la victoire.... Mais savez-vous que l'his-
« toire d'aucun peuple n'offre le spectacle que
« nous donnons à l'Europe? Qu'est devenue
« la France dans les mains imbéciles qui la
« gouvernent depuis quinze mois? Est-ce
« donc là cette nation qui n'avait plus d'égale
« parmi les mondes !!»

« Depuis quelques instants l'Empereur parcourait l'appartement; ses gestes animés, ses
paroles rapides et accentuées accusaient l'indi-

gnation qu'il avait refoulée avec tant d'efforts.
Comme toujours, je l'écoutais avec cet intérêt
du cœur qui captive toute l'attention ; il me
semblait qu'il ne faisait que traduire ma
pensée.

« En 1814, » reprit-il lentement, « les gens
« de cœur pouvaient dire : Tout est perdu,
« hors l'honneur, hors la dignité nationale.
« Qu'ils baissent bien bas la tête maintenant,
« que tout, tout est perdu !... Et ce misérable
« Fouché croit que je reprendrais le pouvoir
« au prix où il est descendu ! Non, non..... la
« place qu'on a faite au souverain n'est plus
« tenable... Désabusé des hommes, des choses,
« je n'aspire plus qu'au repos. Indifférent sur
« mon avenir, je supporte l'existence sans
« chercher à m'y rattacher par de nobles chi-
« mères... J'emporte de la France des souve-
« nirs qui feront à la fois le charme et le tour-
« ment du reste de mes jours..... Un regret
« cuisant, inguérissable, s'attachera à cette
« dernière phase de ma prodigieuse destinée...
« L'armée, que deviendra ma brave, mon
« admirable armée ? La réaction sera terrible,
« Caulaincourt ; on lui fera bassement expier

« son dévouement à ma cause, son héroïque
« résistance à Waterloo..... Waterloo !! ter-
« rible souvenir !... Vous n'avez pas vu cette
« poignée de héros serrés les uns contre les
« autres, résistant à des masses de combat-
« tants, non pour défendre leur vie, mais pour
« trouver la mort sur le champ de bataille où
« ils n'ont pu vaincre..... Les Anglais, las de
« de carnage, las de frapper, s'étonnent, s'ar-
« rêtent, devant cet héroïsme désespéré, et
« crient à ces martyrs : « Rendez-vous ! » A
« ce cri de grâce, répond un cri sublime : « *La*
« *garde meurt et ne se rend pas...* » La garde
« impériale a immortalisé les Français et l'em-
« pire !!! »

« Il resta anéanti sous l'impression profonde de ces gigantesques scènes. Comme je comprenais cette préoccupation incessante de Napoléon sur l'avenir de ses soldats !! Trompé, abandonné, trahi par tout ce qui avait partagé sa prospérité, il avait reporté toutes ses affections, il attachait tous ses regrets sur les dévoués amis de son infortune ; et ce sont ces héroïques soldats que deux mois après on appelait les brigands de la Loire !

« Et vous tous, » me dit-il en me regardant
avec tristesse, « vous tous, vous serez pour-
« suivis, persécutés..... Compromis comme
« vous l'êtes pour moi, qu'allez-vous devenir !
« Vos antagonistes, dans la dernière et déplo-
« rable lutte que vous avez soutenue, devien-
« dront vos persécuteurs.

« — Sire, vos amis ne souffriront que de
« vos malheurs. Les persécutions leur seront
« légères si vous êtes à l'abri..... Quand on a
« par devers soi la conscience d'avoir servi son
« pays, d'avoir soutenu une noble cause, on
« se dresse impassible et dédaigneux devant
« la persécution. Il y a dans cette pensée une
« approbation de soi-même dont il n'est pas
« au pouvoir des bourreaux de déshériter les
« victimes.

« — Tout est fini, Caulaincourt, nous al-
« lons nous séparer... Quelques jours encore
« et j'aurai quitté pour toujours la France... Je
« me fixerai aux Etats-Unis. Dans un temps
« donné le lieu que j'habiterai sera en état de
« réunir les glorieux débris de l'empire.......
« Tout ce qui s'y réfugiera de mes vieux com-
« pagnons d'armes trouvera auprès de moi un

« asile, un père..... Je rêve les invalides aux
« Etats-Unis pour les vétérans de ma garde ! »

« Le bruit des chevaux de poste qui entraient dans la cour nous fit tressaillir. L'Empereur s'approcha de la fenêtre, en soupirant profondément. Une sueur glacée inondait mon front. Je ne pouvais supporter l'idée de ne le revoir jamais. Je m'élançai vers la porte ; je revins sur mes pas ; je ne voulais ni m'en aller ni rester. Il se retourna, attacha sur moi un regard dont rien ne peut rendre l'expression; des larmes coulaient lentement sur ses joues... Ce moment fut atroce !

« Mais je ne puis reproduire cette scène. Comment retracer ce dernier adieu qui, à cette heure, comprenait un exil sans fin..... Je le quittai, fou, stupide de désespoir. Il y a dans le sentiment de l'irréparable quelque chose qui tenaille le cœur, qui dévaste l'imagination ; et l'espérance aussi vous dit adieu...

« J'en ai fini avec l'épouvantable drame *des cent jours*. Je ne vous dirai pas ce que je fis, ce que je devins depuis ; ma vie prosaïquement parcourue ne peut intéresser personne. Les événements devaient passer désormais près de moi sans effleurer mon cœur. Les persécutions m'ont trouvé insensible, et aux injures j'ai opposé un froid mépris. Le terre à terre de ma nouvelle existence convient à la disposition de mon âme. Désaffectionné de tout, désintéressé dans les affaires de la vie, je me réfugie dans la poésie de mes souvenirs, trésors échappés au naufrage de toutes mes sympathies ! Un regret de plus attriste mon âme ; le temps me manquera pour terminer l'œuvre de conscience et d'équité dont je voulais doter la France. En consacrant les quelques jours que je dérobe à la mort, à faire connaître le héros que les factions ont précipité du trône, j'accomplis un devoir sacré envers mon pays. Il faut qu'il connaisse enfin ses amis et ses ennemis ; il faut que tant de réputations usurpées tombent devant l'inexorable vérité.

« L'époque de l'empire est écrite ; elle précise les dates ; elle dit fidèlement les faits ; le règne de l'empereur fournit les plus belles pages à l'histoire de la France ; mais ce n'est pas là l'histoire de Napoléon... L'étude de cette merveilleuse nature ne peut être suivie que dans les rapports de ses habitudes privées, dans les mille nuances intimes qui caractérisent cette prodigieuse intelligence, qui révèlent de si immenses moyens. Napoléon fut plus qu'un héros, plus qu'un empereur ; toute comparaison de lui à un autre homme, à un autre souverain, est impossible. Sa mort a laissé un vide qui ne sera pas comblé... Les siècles à venir s'inclineront avec respect devant le siècle qu'illustra Napoléon Bonaparte ; d'âge en âge, les Français leveront la tête haute et fière en redisant ses exploits, et à son seul nom est attaché une inépuisable admiration, un impérissable souvenir ! »

. . . .

Le duc cessa de parler. Avec quel avide intérêt j'écoutais les derniers épanchements de cette âme ardente et passionnée. Et cet homme si noble, si grand, allait disparaître... Mon Dieu !!!

. . . .

« Monsieur le duc, » lui dis-je, en refoulant mes larmes, « j'emporterai de Plombières des richesses pour les mauvais jours de la souffrance et de l'isolement. J'admirais l'empereur, j'ai dévoré toutes les histoires de son règne ;

mais à présent je connais Napoléon. Jamais je ne pourrai vous exprimer le bien que m'a fait éprouver votre parfaite bonté. Les heures que j'ai passées à vous entendre seront l'éternel sujet de mes méditations. Quel triste enseignement du monde!

« — Je ne parle jamais du passé; je ne le puis, en vérité. La curiosité et les questions de ce monde que j'ai jugé, me fatiguent et m'irritent. Avec vous, cela est différent, je pensais tout haut : vous me comprenez si bien!... Rien, voyez-vous, ne peut me distraire du souvenir de ces grandes scènes de l'empire, où j'ai épuisé toutes les jouissances qui enivrent la tête et le cœur, et aussi toutes les amertumes qui désenchantent l'existence. Quand ma pensée erre par delà les mers, je me demande à quoi servent le génie, le talent, le courage? Et maintenant, à quoi me sert la vie, à moi, sans le soleil qui la vivifiait, sans ce soleil dont les derniers rayons ont disparu derrière le rocher de Sainte-Hélène. »

. . . .

En écrivant ceci, involontairement je me

reporte dans ce petit salon de Plombières !
Le duc de Vicence est assis là, pâle, amaigri, se soutenant avec peine dans ce fauteuil
dont le bras sert d'appui à sa faiblesse; et
ses derniers accents, empreints d'une mélancolie si vraie, si brûlante, vibrent encore,
quand tout est muet autour de moi... quand
la mort, l'impitoyable mort a tout refroidi,
tout glacé !

En nous séparant, nous échangeâmes mille
promesses de nous revoir, de reprendre nos
bonnes causeries à Paris, où le duc devait
passer l'hiver; cependant nos adieux furent
tristes. Pour lui comme pour moi, pauvres
malades, l'avenir était si fragile !...

Nous le quittâmes au mois d'octobre 1826 ;
au mois de février 1827 l'infortuné reposait ! ! !

Je laisse à des plumes plus habiles que
la mienne l'honneur d'inscrire dans l'histoire l'oraison funèbre du grand citoyen, l'un
des beaux noms de l'empire, l'une des pures
gloires dont s'honore notre pays. Au talent
d'un écrivain appartient l'éloge de l'homme
que la France doit présenter avec orgueil
à l'Europe. Moi, je n'ai fait que redire

avec mon cœur de femme ce que le duc de Vicence m'a appris. En causant il révélait son âme, son admirable carrière politique, et, pour me consoler de sa mort, j'ai livré son beau caractère au respect de mes compatriotes. Ce simple récit est un modeste tribut déposé sur une tombe nationale.

APPENDICE.

APPENDICE.

Nous réunissons dans cet Appendice quelques pièces intéressantes et inédites, relatives aux faits mentionnés dans le cours de l'ouvrage.

La première partie contient des éclaircissements nouveaux et authentiques sur l'enlèvement du duc d'Enghien, et explique comment, par une réunion de circonstances toutes fortuites, M. de Caulaincourt, chargé d'une mission à Munich, partit de Strasbourg en même temps que la personne chargée de la mission pour le pays de Bade. A ces documents nous joignons des notes inédites, adressées par la Russie, qui cherchait à tirer parti de cet événement pour rallumer la guerre et assumer le protectorat européen.

Dans la seconde partie, nous avons réuni plusieurs lettres, adressées par le ministre des affaires étrangères de France (M. de Talleyrand) aux envoyés français à l'étranger, pour diriger l'opinion sur les intrigues royalistes contre la république française, sur l'affaire du duc d'Enghien, sur la prochaine transformation de la république en empire héréditaire.

La troisième partie, enfin, contient les mémoires des quatre ministres des cours étrangères sur la politique à adopter en France, lorsque la bataille de Waterloo eût remis entre les mains des Bourbons la couronne de France, que le patriotisme et le dévouement de M. de Caulaincourt avaient été si près, en 1814, de faire transmettre, avec l'appui de l'empereur Alexandre, au fils de Napoléon et à sa famille.

Première partie.

QUELQUES NOUVEAUX DÉTAILS SUR L'AFFAIRE DU DUC D'ENGHIEN, ET CONFIRMATION DU RÉCIT DE M. DE CAULAINCOURT RAPPORTÉ DANS CES MÉMOIRES.

I.

Extrait d'une lettre écrite par un homme d'état attaché, à cette époque, à la cour de Carlsruhe.

Dans les années 1793 et 1794, le duc d'Enghien venait souvent à Carlsruhe et dans les environs. Sa bonne tenue et son aimable caractère lui avaient concilié beaucoup d'amis, à la différence du duc de Berry, qui, à la même époque, habita quelque temps à Carlsruhe une maison particulière et se montra à la cour.

J'avais fait, en patinant sur le Rhin, connaissance avec un aide-de-camp du duc d'Enghien nommé Joinville. Un jour le duc d'Enghien, l'aide-de-camp Joinville, un ancien officier de l'armée de Condé, un des jeunes G..... et moi, nous fîmes la partie d'aller passer un jour tout entier dans les environs de Carlsruhe, à la chasse aux canards. Nous patinâmes ensemble, et, après la chasse, nous eûmes une collation que j'avais fait apporter. L'entretien fut vif et gai. Je n'oublierai jamais la manière toute amicale avec laquelle le prince accepta notre petite attention.

Une comtesse russe, la comtesse Apraxin, demeurait alors avec sa nombreuse famille, et était liée d'une manière fort intime avec la princesse douairière héréditaire de Bade, Amélie, mère de l'impératrice de Russie. Sa fille se faisait remarquer par une beauté toute héroïque, et se maria peu de temps après au général autrichien comte de Nostitz. Le duc d'Enghien allait fréquemment dans la maison de la comtesse Apraxin et aux cercles particuliers du soir de la princesse héréditaire, et il était généralement aimé et respecté. Plus tard, lorsque la cour de Bade dut se conformer davantage aux circonstances politiques de la nouvelle France, le duc d'Enghien se montra plus rarement à Carlsruhe. On remarqua avec quelques inquiétudes que, dans les années 1803 et 1804, il se tenait souvent à Ettenheim, où sa liaison avec la princesse de Rohan-Rochefort, qui s'y était fixée, servait de prétexte à sa présence dans un lieu d'où il pouvait observer de plus près ce qui se passait en France. Le ministre français à la cour de Bade, M. Massias (1), et la princesse douairière elle-même avertirent plusieurs fois le prince de ne pas exposer sa personne à un si grand danger; mais ces conseils servaient peu, puisque, de temps à autre, il alla jusqu'à paraître au théâtre à Strasbourg. Ce fut à cette époque qu'arriva, au mois de mars 1804, l'événement inattendu qui le perdit.

Un matin, entre 9, 10 et 11 heures, l'électeur Charles-Frédéric, contrairement à toutes ses habitudes, entre d'une manière tout-à-fait inattendue dans la salle des séances du conseil privé à la chancellerie, et dans un état d'agitation extrême, adressa ces mots au conseil réuni : « Messieurs, je reçois à « l'instant par une estafette de l'employé Stiber, à « Ettenheim, une nouvelle qui m'attriste profondé- « ment et va troubler par bien des chagrins le soir « de ma vie. » Il déposa alors sous les yeux du conseil privé la lettre qu'il avait reçue d'Ettenheim, et qui contenait en substance ce qui suit :

(1) Voyez son récit, n° 2, à la suite de celui-ci.

« A la fin de la soirée du jour précédent, des cavaliers français en nombre imposant, sous la conduite de l'aide-de-camp Caulaincourt, étaient partis de Strasbourg, avaient passé le pont du Rhin, et s'étaient arrêtés à Kell. Là ils s'étaient séparés (1) : une partie (2) s'était dirigée pendant la nuit sur Ettenheim. Les soldats étaient entrés de force dans cette ville ouverte, y avaient fait leurs dispositions militaires, avaient entouré la maison dans laquelle demeurait le duc d'Enghien avec son aide-de-camp, l'avaient éveillé dans son premier sommeil, l'avaient forcé de s'habiller, et lui avaient déclaré qu'il lui fallait venir avec eux à Strasbourg. Quoique tout cela se passât dans la nuit, l'arrivée de ces troupes avait fait beaucoup d'impression à Ettenheim. L'employé s'était aussitôt transporté dans la maison du prince, pour parler à l'officier qui commandait. Celui-ci lui avait présenté, dit-on, un homme revêtu de l'uniforme d'officier badois, comme commissionné à cet effet par le gouvernement badois. Dans de telles circonstances, il n'eût pas été possible d'opposer une force supérieure. On avait donc fait monter le

(1) On a su que M. de Caulaincourt était chargé d'aller à Offembourg avec les quelques hommes qu'il commandait. Il se rendit, en effet, à Munich, pour signifier à l'électeur l'ordre d'expulser le ministre anglais Drake et la baronne de Reich.

(2) Cette seconde partie était tout-à-fait distincte de la première ; et aucun des deux chefs ne connaissait la mission de l'autre.

prince dans une voiture à quatre chevaux, qui était repartie pour Strasbourg, escortée par les cavaliers français.

« Le roi de Suède, qui était alors à Carlsruhe, envoya en toute hâte son aide-de-camp de Tawast à Strasbourg, pour sauver le prince s'il était possible; de Tawast, ne le trouvant plus à Strasbourg, suivit son chemin jusqu'à Paris, et en revint peu de jours après la terrible catastrophe du duc.

La circonstance de l'officier badois déguisé donna plus tard prétexte d'accuser le gouvernement badois d'avoir prêté la main à cette violation de territoire; car sa conduite prudente dans un si proche voisinage de la France avait inspiré une méfiance injuste aux autres états de l'empire.

Les démarches faites par le gouvernement badois à l'occasion de cet abus de la force furent aussi dignes que mesurées, aussi bien envers la France, sur un ton profondément blessé, qu'à l'égard des cours de Vienne, de Berlin, et de Pétersbourg, et de la diète de Ratisbonne, dans la conscience de n'avoir pu empêcher une telle violation.

II.

Extrait de Napoléon jugé par lui-même; *par le baron Massias, chargé d'affaires de France à Carlsruhe.*

J'étais chargé d'affaires à la cour de Bade lorsque le duc d'Enghien fut arrêté à Ettenheim, village sur les bords du Rhin, à vingt lieues environ de Carlsruhe, et dans le ressort de ma légation. Cette arrestation eut lieu sans que ni moi, ni le ministère de Bade en eussions eu aucune communication préalable.

Quelques jours avant cette catastrophe, des gendarmes venus de Strasbourg avaient rôdé dans le pays, étaient même entrés dans mes bureaux, faisant des questions dont je ne pouvais alors deviner les motifs. Ils tenaient surtout à savoir de mon secrétaire si j'étais informé que le général Dumouriez eût passé à Ettenheim. Or, parmi les officiers de la maison du duc d'Enghien, était un nommé Thumery (nom dont la prononciation allemande se rapproche beaucoup de celle de Dumouricz) : aussi les journaux de Paris, le *Moniteur* même, annoncèrent-ils que le général Dumouriez, avec tout son état-major, était à Ettenheim avec le prince.

Dès que je sus qu'il avait été enlevé et transféré

dans la citadelle de Strasbourg, j'écrivis, sans perdre un moment, au ministre des affaires étrangères pour lui dire combien, durant son séjour dans l'électorat, séjour dont mes dépêches l'avaient antérieurement avisé, la conduite de ce prince avait été mesurée et devinée. Ma lettre doit être aux archives. Quelques jours après la catastrophe, je reçus une lettre du ministre des affaires étrangères, qui me donnait l'ordre d'aller à Aix-la-Chapelle, où je trouverais l'empereur, auquel j'avais à rendre compte de ma conduite.

En arrivant, j'allai trouvai le maréchal Lannes, avec qui j'avais fait la guerre d'Espagne et d'Italie, à l'amitié duquel je devais ma place et toutes mes espérances. Il m'apprit que j'étais accusé d'avoir épousé la proche parente d'une intrigante dangereuse, et d'avoir favorisé la conspiration du duc d'Enghien.

Sorti de chez lui, j'allai chez le ministre des affaires étrangères, auquel je rappelai ce dont l'avait instruit ma correspondance, savoir : la vie simple, paisible et innocente du prince, et la non-parenté de ma femme avec la baronne de Reid, fait dont il était assuré par un certificat bien en règle que je lui avais envoyé. Il me dit que tout s'arrangerait.

Le jour de mes adieux étant fixé, je fus introduit avec lui dans le cabinet de l'empereur. Il me fut d'abord facile de voir qu'il ne me considérait point comme un conspirateur... « Comment, » ajouta-t-il, « n'avez-vous pas épousé une proche parente d'une misérable intrigante, la baronne de Reid? — Sire, lui dis-je, monsieur que voilà, en lui montrant le ministre, a indignement trompé Votre Majesté; il a su de moi que ma femme n'était pas parente de la baronne de Reid; je lui en ai antérieurement envoyé le certificat bien en règle. » A ces mots, l'empereur recula en souriant, et marcha à droite et à gauche dans son cabinet, toujours en nous regardant; puis, se rapprochant de moi, il me dit d'un ton radouci: « Vous avez néanmoins souffert un rassemblement d'émigrés à Offembourg. — J'ai rendu fidèlement compte de ce qui se passait dans ma légation. Comment me serais-je avisé de persécuter quelques malheureux, tandis qu'avec votre autorisation ils passaient le Rhin par centaines et par milliers? Je ne faisais qu'entrer dans l'esprit de votre gouvernement. — Vous auriez pourtant dû empêcher les trames que le duc d'Enghien ourdissait à Manheim. — L'on vous a trompé, Sire; on a surpris la religion de Votre Majesté. — Croyez-vous donc que si la conspiration de Georges eût réussi, il n'aurait point passé le Rhin et ne serait pas venu en poste à Paris? »

Je reviens à Carlsruhe. Je sus, un ou deux mois après mon retour, qu'un chambellan de Sa Majesté demandait à me parler ; c'était le comte de Chaumont, qui me remit une lettre du grand maréchal Duroc, dans laquelle il était dit que l'Empereur devait bientôt envoyer à Carlsruhe sa fille adoptive, la princesse Stéphanie, épouse du grand duc de Bade ; il la confiait à mes soins et à ma probité ; que, pour tout ce qui la concernait, je ne devais point correspondre avec le ministre des affaires étrangères, mais directement avec lui-même.

Un an environ après l'arrivée de la princesse, l'Empereur me nomma résidant consul général à Dantzig.

Baron MASSIAS.

(*Napoléon jugé par lui-même*, p. 207.)

III.

Lettre du roi Joseph.

Dans l'année 1834, la reine Hortense, à la demande d'un de ses amis de France, désireux de justifier contre le duc de Rovigo la mémoire d'un ami, avait écrit à son beau-frère le roi Joseph, à Londres, pour lui demander s'il avait quelques renseignements particuliers relatifs à cette affaire. Voici ce que repondit le roi Joseph :

« Londres, 20 février 1834.

« Ma chère sœur, vous me donnez l'exemple de ce qu'il est dans mon intention de faire publier un jour, et de ce que j'ai fait en partie en répondant aux erreurs de....., d'....., de...., et de tant d'autres écrivains, même bien intentionnés, mais qui n'ont jugé l'empereur que par le caractère sévère qu'il s'était fait, et qu'il avait jugé approprié à la situation extraordinaire dans laquelle il se trouvait parvenu, à son insu et presque malgré lui, au commandement des armées. J'ai de lui des lettres antérieures à son élévation, où son véritable caractère est à découvert ; il s'est donné plus de peine pour paraître dur, sévère, que le commun des hommes ne s'en donne pour paraître bon. C'est ce que je lui dis un jour devant votre mère, qui m'applaudit par un sourire, et Napoléon en convint restant seul avec nous. « Que voulez-vous, » nous dit-il, « les hommes « sont ainsi faits ; ils prennent pour faiblesse ce qui « est bonté ; on m'obéit parce qu'on me craint. »

J'ignore si vous savez qu'il voulait sauver le duc d'Enghien ; on a précipité l'exécution du jugement à son insu et sans mauvaise volonté. M. Réal, alors préfet de police, en sait quelque chose. L'empereur n'a jamais accusé personne de cette funeste mésaventure, parce qu'il a su qu'elle a été le résultat d'un malentendu dont il n'a voulu laisser peser la responsabilité sur personne, craignant ainsi d'avoir l'air de se justifier. M. Réal nous raconta plusieurs fois aux États-Unis comment l'ordre d'interrogatoire, porté de Vincennes à Paris, dormit dans son salon où il avait été déposé sur sa cheminée, et, lorsqu'il en eut connaissance, il partit à la hâte et arriva quelques minutes trop tard à la Malmaison. J'arrivai moi-même après son départ ; je trouvai l'empereur furieux, croyant avoir été joué par les jacobins ; c'est ainsi qu'il appelait alors Réal. Après il a reconnu l'innocence de Réal, et n'a jamais songé à se plaindre d'une erreur qui ne lui était pas imputable. Du reste, Napoléon m'avait dit la veille qu'il ferait grâce au prince s'il était condamné, et que même il consentirait à l'employer militairement, puisqu'il le désirait et en avait fait la demande.

Je ne suis pas le seul à qui M. Réal ait raconté aux États-Unis la partie de ce récit qu'il savait mieux que personne. Je sais que M. le général Charles Lallemant ; son frère le général commandant l'artillerie de la garde impériale ; M. Duponceau, président de la Société philantropique de Philadelphie ; M. Sari, officier de marine qui commandait le brick sur lequel l'empereur arriva de l'île d'Elbe ; M. Cavé, alors vivant avec moi, aujourd'hui vivant à Paris, où il a perdu la vue, ont entendu le récit qui a trait à M. Réal, et de sa propre bouche. Il est à espérer qu'on le trouvera avec tous ses détails dans les mémoires que M. Réal doit avoir écrits à cette heure.

JOSEPH.

IV.

Extrait d'une vie du duc de Dalberg.

M. Buchon dit à ce même sujet, dans une vie de son ami le duc de Dalberg, dont un extrait a été inséré dans le supplément de la *Biographie universelle* :

« M. de Dalberg voyait la France tous les jours grandissante, et redoutant pour l'Allemagne, sa patrie, la prépotence de cette domination, il crut qu'il fallait se préparer à l'attaquer par des efforts plus universels et mieux soutenus, avant qu'elle fût plus fortement consolidée. C'est dans ce dessein que, pendant sa mission en France comme ministre badois, il écrivit un mémoire sur les moyens de former une coalition et de pacifier l'Europe par suite d'une guerre générale qui rétablirait les masses politiques. Cet écrit, fait à la demande du ministre d'Autriche et communiqué aux ministres des autres grandes puissances, servit en effet de base à la coalition de 1804 et de 1805, et la plupart de ses conclusions, déjouées alors par le succès de nos armes, étaient celles qui furent reproduites en 1814. La

France, dépouillée des provinces rhénanes, devait rentrer dans ses anciennes limites, avec l'accroissement de la Savoie, du comté de Nice, de celui de Montbelliard, du territoire d'Avignon et de quelques enclavements belges. La Belgique devait former un royaume séparé, la Hollande être donnée à la souveraineté héréditaire des Nassau ; la Suisse devait être rétablie dans ses anciennes limites et son ancienne constitution, par l'abolition des nouveaux cantons et la formation de la principauté de Neufchâtel ; l'Italie partagée entre le pape et les maisons d'Autriche, de Bourbon et de Sardaigne ; cette dernière, indemnisée de la perte de la Savoie par Gênes et la Corse. La formation d'un corps de troupes royalistes en France, à l'aide d'un noyau de vingt mille Russes et Allemands qui y auraient été débarqués, devait aider ces tentatives insurrectionnelles des royalistes de l'intérieur, et aurait ainsi, à ce qu'on pensait, facilité le retour de la maison de Bourbon, dans laquelle on trouvait une garantie contre le caractère bouillant manifesté par la France et ses divers gouvernements depuis sa révolution. Les puissances s'exagéraient beaucoup les secours qu'elles pouvaient tirer d'une diversion royaliste à l'intérieur, appuyée par le voisinage de ceux des princes français qui auraient le courage de se rapprocher de la frontière. Les proclamations du comte d'Artois, insérées dans les journaux anglais, ne pouvaient produire aucun effet après l'abandon de Quiberon. Georges Cadoudal, Pichegru et Moreau furent arrêtés et mis en jugement, et le brave et aventureux duc d'Enghien paya de sa vie une malheureuse confusion de noms entre son secrétaire Thumery et le général Dumouriez, par la police alsacienne, tandis que le danger que venait de courir le gouvernement consulaire ne fit que préparer plus aisément les esprits à la création d'un empire héréditaire, qui s'installa au milieu même des débats du procès et de la conspiration.

« Ce fut en pleine paix, sur le territoire étranger de Bade, qu'avait été arrêté l'infortuné duc d'Enghien, au mépris du droit des gens, en violation des droits de souveraineté de l'électeur de Bade. Le devoir de ce gouvernement, en présence d'une telle atteinte à son autorité, était d'une difficulté extrême. Le soin de son honneur lui prescrivait de demander satisfaction de l'offense, car, en se taisant, il courait risque de se voir accusé d'une participation coupable à l'enlèvement d'un réfugié placé sous sa sauve-garde. Plus tard, il est vrai, le roi de Sardaigne, en 1816, prêta de plein gré les mains à l'enlèvement du réfugié Didier sur son propre territoire, et par des gendarmes français (1) ! Mais l'é-

(1) A la fin de 1799, le sénat Hambourgeois livra à l'Angleterre deux Irlandais, Napper Tandy et Blackwell, officiers au service de la France, qui furent condamnés à mort et exécutés en Angleterre. Le

lecteur de Bade avait trop de noblesse de cœur pour se prêter à cet exécrable rôle ; et s'il se taisait, la voix publique pouvait l'en accuser. Mais aussi en s'adressant, lui souverain d'un état séparable, à la diète de l'empire pour réclamer son appui, il pouvait allumer un incendie général, dont son pays serait la première victime. Déjà la Russie, pressée de prendre le commandement d'une nouvelle coalition, faisait retentir d'aigres et violentes paroles dans ses notes aux états de l'empire (1), et de vives récriminations personnelles, au sujet du meurtre du père d'Alexandre, semblaient devoir être la seule réponse qu'allait donner le gouvernement français, si ces notes étaient prises en considération. L'Autriche comprit le danger de faire d'une cause particulière, quelque grave qu'elle fût, l'occasion d'une guerre peut-être générale, et fit annoncer par ses ministres qu'elle désirait que l'affaire en restât là ; l'électeur de Bade fut amené à suivre l'exemple du chef de

sénat hambourgeois envoya une députation aux consuls de France qui avaient, à cette occasion, fait mettre embargo sur les vaisseaux hambourgeois, et demandèrent excuse au nom de leur faiblesse. L'Autriche, presque à la même époque, livra le généreux Rigba, qui avait tenté un soulèvement de la nation grecque. Les Turcs le firent décapiter à Belgrade. Napoléon fit opérer l'enlèvement du duc d'Enghien par lui-même, pour ne pas forcer l'électeur de Bade à se soumettre à un semblable acte de lâcheté, et lui laissa la possibilité d'une excuse aux yeux des siens.

(1) Voyez les deux autres notes de la Russie adressées à la France sur ce sujet, destiné à servir de masque à ses projets de domination.

l'empire, et fit déclarer par son ministre à Ratisbonne, que, d'après les explications reçues, il désirait que l'affaire ne fût pas poussée plus loin. Le rôle de son ministre à Paris était de saisir sans affectation toute occasion de prouver que c'était à l'insu de l'électeur qu'avait été faite une arrestation que sa faiblesse seule l'empêchait de ressentir, et M. de Dalberg, alors son ministre à Paris, sut adroitement saisir l'opportunité de laver l'honneur de son souverain sans exposer l'avenir de son pays. Tel fut le rôle qu'eut à jouer M. de Dalberg, comme ministre de Bade, dans l'affaire du duc d'Enghien, car c'était surtout pour lui qu'il avait été important de tenir l'ordre d'arrestation secret, afin qu'il n'en pût arrêter l'effet par l'envoi d'un courrier ; et quant à l'exécution, elle suivit de si près l'ordre de jugement, que Napoléon lui-même se crut cette fois encore, comme il l'avait cru lors de la machine infernale du 3 nivôse, joué par ce qu'on appelait le parti jacobin. »

V.

NOTES RUSSES.

Pendant que la Russie adressait, à la diète de Ratisbonne, les deux notes mentionnées dans l'article qui précède, voici celles qu'elle transmit à Paris et qui sont restées inconnues jusqu'ici.

*Note remise au ministre français, en date
du 9-21 juillet* 1804.

La note que le citoyen ministre des relations extérieures a remise au soussigné chargé d'affaires de S. M. I. de toutes les Russies, en date du..., ayant dû être envoyée à Saint-Pétersbourg, le soussigné est obligé de déclarer qu'il a encouru la désapprobation de sa cour, d'avoir pu accepter un écrit qui ne répondait nullement à l'office qu'il avait précédé de sa part, et qui n'était pas de nature à être adressé à son auguste maître.

Cependant, cet écrit étant une fois parvenu à la connaissance de S. M. I., elle a vu avec surprise que son contenu n'était composé que d'assertions et de raisonnements qui, outre qu'ils ne sont pas fondés, n'ont pour la plupart aucune connexion avec l'objet qui a motivé la Note du 22.

L'Empereur, pénétré des calamités qui pèsent sur une grande partie de l'Europe, et des dangers qui menacent surtout l'empire germanique, auquel la Russie, en vertu de ses engagements, doit prendre un intérêt particulier, ayant appris la nouvelle violation du droit des gens qui venait d'être commise à Ettenheim, a cru devoir inviter la diète et les princes de l'empire de joindre leurs efforts aux siens, à l'effet de réclamer à ce sujet auprès du gouvernement français, auquel S. M. manifesta aussi directement les mêmes sentiments, espérant par là l'engager à réparer l'injure faite à l'association germanique, et à tranquilliser l'Europe sur ses craintes de voir de pareilles violences se répéter encore.

Le gouvernement français ne pouvait s'empêcher de répondre à cet office de S. M. l'empereur, ou bien ne pouvait, comme il l'a fait, y répondre que d'une manière illusoire, sans manquer à la Russie, à l'empire germanique et à lui-même, et sans compromettre cette bonne intelligence qu'il assure désirer, mais dont les heureux effets n'ont pas été jusqu'à présent aperçus par la Russie.

Nous n'en sommes plus à ces temps appelés avec raison barbares, où chaque pays n'avait d'autres intérêts que ceux qui les regardent directement. La diplomatie moderne, basée sur le droit des gens, en a établi de plus conformes aux avantages de la généralité des États. Aucun, dans la circonstance dont il s'agit, ne pouvait voir avec indifférence un événement qui portait une atteinte aussi funeste à l'indépendance et à la sûreté des nations. La qualité de garant, dont la Russie se trouve chargée par la paix de Teschen, et de médiateur dans l'empire germanique, donnait un droit plus incontestable, et imposait à S. M. un devoir plus grand encore de ne pas garder le silence dans cette occasion; et si le gouvernement français, revêtu des mêmes titres, se croit permis de violer la neutralité de l'Allemagne et d'y agir arbitrairement, il serait difficile de comprendre comment il n'appartiendrait pas à S. M. I. de prendre fait et cause pour ce même empire, dont elle a garanti la sûreté et l'indépendance.

Ce sera à pure perte que l'on cherchera à expliquer différemment une démarche dont les motifs sont aussi clairs que fondés, et qu'on voudra y trouver le fruit de l'influence des ennemis de la France, tandis que c'est l'état malheureux où se trouve réduit l'Europe par l'influence du gouvernement français qui en est la cause. Si l'objet de la Russie était de former une nouvelle coalition à l'effet de recommencer la guerre sur le continent, elle n'aurait pas besoin sans doute de chercher de vains prétextes pour le justifier, le gouvernement français depuis longtemps ayant fourni des raisons que trop valables pour rompre des liens de bonne intelligence que la modération seule de Sa Majesté a préservés jusqu'à présent, et qu'elle aurait désiré de faire durer toujours.

Le but qui a constamment guidé le cabinet de Saint-Pétersbourg ne peut être méconnu et ne peut surtout être ignoré du gouvernement français, Sa Majesté s'étant empressée, même avant le commencement de la guerre actuelle, de lui manifester son opinion sur la nécessité qu'il y aurait de consolider la paix et de prévenir un nouveau bouleversement en Europe, en écartant soigneusement toutes les raisons de méfiance et en laissant chaque État sans distinction jouir des avantages et de l'indépendance qui lui reviennent de droit.

La Russie témoigna en son temps au cabinet des Tuileries combien elle aurait souhaité de le voir contribuer à établir un ordre de choses aussi désirable en donnant, par l'exemple de sa modération et de son désintéressement, l'espoir à l'Europe qu'après la malheureuse lutte qui avait coûté tant de sang, chaque gouvernement pourrait enfin avec sécurité s'occuper tranquillement chez soi du bonheur des peuples confiés à ses soins. Loin de vouloir rallumer le feu de la guerre sur le continent, Sa Majesté serait au comble de ses vœux si elle pouvait le faire cesser partout; mais souhaiterait aussi que le gouvernement français, puisqu'il déclare avoir la même volonté, laissât en repos ceux qui ont eu le plus vif désir de ne pas y prendre part.

Tel a été l'unique objet, et malheureusement pour l'humanité le souhait inutile de la Russie, dont la conduite ne s'est jamais écartée de ses principes; ses démarches réitérées et toujours infructueuses vis-à-vis le cabinet de Saint-Cloud, appuyées sur des engagements qu'il avait pris envers elle, n'ont jamais eu d'autre but. La médiation proposée aux deux puissances en guerre, et qui ne fut pas accueillie, était fondée sur la même base; et, lorsqu'après la rupture, le gouvernement français se crut permis d'occuper par ses troupes et de priver de leur commerce des pays qui réclamaient vainement en faveur de leur neutralité, Sa Majesté, alarmée, non pour elle-même, car la force et la situation de son empire lui permettaient de rester spectateur indifférent de ces scènes affligeantes, mais, pour la sûreté du reste de l'Europe, après avoir répété à plusieurs reprises, et toujours sans effet, ses justes instances au gouvernement de la république, pour garantir au moins les pays dont les traités entre la Russie et la France imposaient à cette dernière l'obligation de respecter la neutralité, ne cacha pas non plus sa façon de penser aux États exposés et qui risquent de partager un jour le sort de l'Italie, d'une partie de l'Allemagne, et des autres pays que le gouvernement français tient déjà sous sa domination. Voyant, malgré ses soins et ses représentations, le danger augmenter, voyant les troupes françaises, d'une part, border les côtes de l'Adriatique; de l'autre, imposer des contributions aux villes anséatiques et menacer le Danemarck, Sa Majesté s'est décidée à mettre ses forces en état pour s'opposer à des empiétements ultérieurs dont le théâtre, de cette façon, se rapprocherait de ses frontières.

Ces faits sont connus de toute l'Europe. L'empereur a désiré surtout qu'ils le soient de la France, et les explications entre les deux cabinets ont toujours roulé sur les mêmes objets. Jamais gouvernement n'a donc agi plus ouvertement que la Russie, et pour un but qui ait moins besoin d'être caché, ou qui soit moins sujet à de fausses interprétations ; et si cette conduite n'est pas franche et loyale, si on peut la regarder comme offensive contre la France et contraire au bien-être et à la tranquillité de l'Europe, il faudrait donc ne faire aucune différence entre des torts évidents d'une part, et le juste ressentiment qui doit en résulter de l'autre, entre l'attaque et la défense, entre l'oppression et la protection du faible.

On n'entrera pas ici dans la question du droit public, si le gouvernement français peut poursuivre dans tous les pays des individus qu'il a bannis de chez lui, et s'il a le droit de prescrire la manière dont les puissances étrangères doivent traiter ou employer de ci-devant émigrés, depuis longtemps à leur service et leurs sujets naturalisés. Il suffira de remarquer que cette doctrine est entièrement contraire aux principes de l'équité, et opposée à ceux qui jadis ont été si solennellement proclamés par la nation française. Toutefois, il faudrait étrangement confondre les motions et les mots pour être persuadé que c'est la Russie qui attaque l'indépendance des États de l'Europe en ne permettant pas qu'un de ses employés dans l'étranger soit déplacé à la volonté du gouvernement français, et en réclamant un individu naturalisé russe, qui vient d'être livré par un tiers, sans jugement et contre toute apparence de droit.

Jamais Sa Majesté n'a protégé des machinations de complots; son caractère noble et franc est trop connu à toute l'Europe pour que cette assertion, aussi fausse qu'inconvenable, ait besoin d'être contredite. Le gouvernement français est lui-même persuadé du contraire, et n'a qu'à se rappeler que Sa Majesté, à plusieurs reprises, lui a fait connaître que, pourvu qu'il fournisse contre un des employés russes des preuves de l'accusation énoncée, elle s'empressera de punir en eux un délit qu'elle regarde comme le plus odieux. Jamais le cabinet de Saint-Cloud n'a répondu à cette insinuation équitable, n'a donné aucune preuve pour soutenir ses demandes, et n'a, par conséquent, aucune plainte à former sur les difficultés qu'on a fait de les remplir. Au reste, lorsque le Portugal a dû acheter sa neutralité, lorsque le royaume de Naples, qui n'a pu la conserver, est forcé de fournir, par des frais énormes, à l'entretien des troupes françaises qui y sont stationnées; lorsque l'Italie entière; ces républiques auxquelles on avait promis l'indépendance et le bonheur, la Suisse et la Hollande ne peuvent plus être regardées que comme des provinces françaises; lorsqu'une partie de l'empire germanique est envahie, et que, dans l'autre, des détachements français exécutent des arrestations au mépris du droit sacré des nations, l'empereur s'en remet volontiers au jugement de tous ces pays et à l'opinion impartiale du cabinet de Saint-Cloud lui-même, pour décider la question, qui de la Russie ou de la France menace la sûreté de l'Europe, professe des principes plus favorables à l'indépendance des états, et se permet envers eux des actes plus arbitraires en se mêlant de leur régime et de leur police intérieure?

Quoique la douleur qu'éprouvait l'empereur sur un état de choses aussi pénible et alarmant, et sa façon de l'envisager dût être déjà suffisamment connue, Sa Majesté se crut dans l'obligation de l'exprimer avec autant de publicité que possible, afin qu'il ne fût pas dit que, dans une crise aussi funeste pour l'humanité, aucun gouvernement sur le continent n'avait osé élever sa voix en faveur de la justice, et qu'on ne peut reprocher à la Russie de n'avoir pas prévenu ses co-États sur les suites terribles qui résulteraient nécessairement d'un oubli prolongé de l'ordre et des principes desquels leur bien-être et leur sécurité dépendent. Certes, dans la discussion présente, l'on aurait peine à démontrer que, lorsque la Russie proteste contre une violation manifeste du droit des gens, commise hors des frontières de la république, sur le territoire neutre de l'empire d'Allemagne, par une puissance garante et médiatrice, cela soit se mêler des affaires de l'intérieur de la France, desquelles il n'est pas du tout question dans l'objet qui s'agite, et auxquelles, du reste, Sa Majesté n'a jamais pensé s'immiscer ni prendre part.

Chaque État peut bien déclarer, dans ses limites, un individu hors la loi, mais ne saurait de sa propre autorité mettre personne hors du droit des gens, car ce dernier ne découle pas de ses décrets, n'y est pas soumis, et repose sur la volonté unanime de tous les États souverains. Le gouvernement français pouvait donc tout au plus, d'après le traité de Lunéville, exiger des princes de l'empire que les émigrés vivants dans leurs États, qui n'avaient pas encore adopté de patrie, et contre lesquels on pouvait fournir des preuves authentiques, en soient éloignés, mais nullement entrer à main armée pour les enlever de force.

A peine croira-t-on que, pour soutenir un principe erroné, le cabinet de Saint-Cloud ait pu s'écarter de ce que les égards et les convenances requièrent, au point de choisir, parmi les exemples à citer, celui qui était le moins fait pour l'être, et de rappeler, dans une pièce officielle, la mort d'un père à la sensibilité de son auguste fils, en entachant, contre toute vérité et croyance d'une inculpation atroce, un gouvernement que celui de France ne se fait pas scrupule de calomnier sans cesse, parce qu'il se trouve en guerre avec lui.

D'ailleurs, on aura beau imaginer les suppositions les plus extraordinaires, aucune ne saurait changer en rien l'état de la question, ni justifier et rendre permis un acte arbitraire et attentatoire aux principes fondamentaux, et jusqu'ici jamais contestés, du droit des gens.

Le contenu de la note du citoyen ministre des relations extérieures n'avait pas besoin de cette analyse pour qu'il soit clair qu'elle n'est, sous aucun point, satisfaisante, relativement au but que s'était proposé l'Empereur en faisant donner les offices du *** à Paris et à Ratisbonne, et pour qu'en outre l'on y voie évidemment l'intention du gouvernement français, d'aigrir davantage le juste mécontentement de Sa Majesté par la manière évasive et inconvenable dont y est traitée une question aussi importante qu'on a préféré d'éluder à l'aprofondir avec candeur.

L'Empereur, au-dessus de tout sentiment haineux, et mettant en premier lieu dans ses motifs l'intérêt et la tranquillité de l'Europe, ne balance pas de faire un dernier effort pour conserver encore, s'il est possible, des relations ultérieures avec la France. L'unique vœu de Sa Majesté serait que la paix renaisse en Europe, que personne ne veuille s'y arroger aucune suprématie quelconque, et que le gounement français reconnaisse aussi l'égalité des droits des états moins forts, mais tout aussi indépendants que lui. La Russie, on ne saurait assez le répéter, n'a aucune envie, aucun intérêt de faire la guerre. C'est la force des circonstances qui lui dictera le parti qu'elle aura à (prendre) choisir. Mais elle a droit de se flatter que le gouvernement français lui accordera assez d'estime pour se convaincre qu'elle ne pourra voir, avec une indifférence passive, des usurpations nouvelles qu'il se permettrait à l'avenir. Sa Majesté ne craint et ne veut intimider personne; c'est sur le pied de la plus parfaite égalité qu'elle désire continuer les rapports avec le gouvernement français ; et comme la première condition pour y parvenir est de remplir religieusement les engagements mutuellement contractés, ce n'est que sous cette condition que les deux états, après ce qui s'est passé entre eux, peuvent dorénavant conserver des relations ensemble.

Le soussigné a l'ordre, en conséquence, de déclarer qu'il ne saurait prolonger son séjour à Paris, qu'autant que les demandes suivantes seront préalablement accordées : 1° qu'en conformité des articles 4 et 5 de la convention du 11 octobre 1801, le gouvernement français donne l'ordre à ses troupes d'évacuer le royaume de Naples ; ce qui, ayant été exécuté, qu'il s'engage de respecter sa neutralité pendant les guerres présentes et à venir; 2º que conformément à l'article 2 de la même convention, le gouvernement français promette d'établir, dès à présent, un concert intime avec Sa Majesté l'Empereur, pour régler les bases selon lesquelles devront se terminer les affaires de l'Italie; 3º qu'il s'engage, conformément à l'article 6 de la même convention et aux promesses tant de fois répétées à la Russie, à indemniser sans délai le roi de Sardaigne des pertes qu'il a essuyées; enfin 4º qu'en vertu des obligations d'une garantie et d'une médiation commune, le gouvernement français s'engage à faire incessamment évacuer de ses troupes tout le nord de l'Allemagne, et prenne l'engagement de respecter strictement la neutralité du corps germanique.

Le soussigné, en finissant, doit ajouter qu'il a l'ordre de son gouvernement de demander, sur ces quatre points, une réponse catégorique, et saisit cette occasion, etc.

Copie de la Note en date de Paris, 16-28 *août* 1804.

Le soussigné, chargé d'affaires de Sa Majesté l'empereur de toutes les Russies, en réponse à la note que le ministre des relations extérieures lui a fait parvenir, croit devoir se borner à récapituler encore une fois la conduite que son auguste maître a tenue constamment envers le gouvernement français, et dont le simple exposé suffira pour démontrer quelle réciprocité il en a éprouvée.

L'Empereur, dès son avénement au trône, s'est empressé de mettre tous ses soins au rétablissement de la bonne harmonie entre la Russie et la France. Sa Majesté Impériale, en allant au devant des explications qui devaient amener un rapprochement solide entre les deux pays et le rendre durable, se plaisait dans la conviction que, par cette façon d'agir, elle contribuerait efficacement à la pacification générale de l'Europe, dont la tranquillité ne fut que trop longtemps troublée par les événements qui ont occasionné la guerre terminée par le traité de Lunéville. Les facilités que Sa Majesté montra pour conclure sa paix avec le gouvernement français, tandis qu'il était encore en guerre avec plusieurs autres puissances; le renouvellement de l'ancien traité de commerce, qui est entièrement à l'avantage de la France, les bons offices de la Russie pour amener une réconciliation entre la république et la Porte Ottomane, sont autant de témoignages bien convaincants des sentiments de Sa Majesté et de son désir de ne rien négliger, de son côté, de ce qui pouvait consolider les liens qu'elle désirait ne voir jamais cesser.

Depuis, lorsqu'à la suite des malheurs que l'Allemagne avait essuyés pendant la guerre, la nécessité imposa des sacrifices à plusieurs des membres de l'association germanique, et qu'il fut question de les y déterminer en assignant des compensations à leurs pertes, l'Empereur consentit à devenir co-médiateur avec le gouvernement français, dans son espoir cher que l'acte de médiation mettrait le sceau à la tranquillité du continent. L'achèvement de cette œuvre salutaire permit à Sa Majesté Impériale de songer aux engagements que la France s'était imposés lors de la conclusion de son traité de paix avec la Russie ; Sa Majesté ayant scrupuleusement rempli ceux qu'elle avait contractés vis-à-vis de la France, elle était en droit d'attendre que le gouvernement français, à son tour, se montrerait jaloux de répondre à cette exactitude, et s'empresserait de satisfaire à ses obligations. Quelque juste qu'ait été cette attente, elle ne s'est jamais réalisée, et le gouvernement français, loin de se montrer disposé à la justifier, prit à tâche, pour ainsi dire, d'en éloigner l'accomplissement.

Le roi de Sardaigne, dépouillé totalement de ses possessions en Italie par la réunion du Piémont à la France, attend encore l'indemnisation que le cabinet des Tuileries avait formellement promise à la Russie pour lui et que celle-ci n'a cessé de réclamer.

Le roi de Naples, délivré momentanément dans

son royaume de la présence des troupes françaises, les voit de nouveau occuper ses provinces sous un prétexte absolument étranger à Sa Majesté Sarde, et elle se trouve par conséquent hors de la ligne des puissances indépendantes. Les instances de la Russie, appuyées sur l'engagement formel pris par la France de considérer le royaume de Naples comme état neutre et qui jouira de tous les bénéfices de la neutralité, ont été inutiles en sa faveur.

L'Italie entière a changé de face par les innovations que le gouvernement de la république lui a fait subir depuis la conclusion de la paix entre la Russie et la France, sans aucun concert préalable avec Sa Majesté Impériale, quoiqu'il fut convenu entre les deux puissances, à cette époque, qu'on s'entendrait sur les arrangements politiques à prendre dans ce pays.

La guerre entre la France et l'Angleterre venant à se rallumer, l'intégrité du territoire de l'empire germanique fut violée, malgré que la France s'était engagée tout récemment de la protéger en commun avec Sa Majesté l'Empereur. Le cabinet de St-Cloud a voulu méconnaître que la dignité du roi d'Angleterre et celle d'électeur de Brunswick-Lunebourg, quoique réunies dans une même personne, n'en étaient pas moins parfaitement distinctes et qu'elles n'avaient pas été confondues nommément par le gouvernement de la république pendant les dernières années de la guerre passée ; qu'il était donc contraire à toutes les notions de droit et de justice d'étendre les hostilités sur un pays qui, par la constitution de l'empire germanique dont il fait partie et les transactions publiques qui l'ont garantie, devait en être entièrement exempté.

L'occupation de Cuxhaven ne pouvant pas être étayée, même par le prétexte de s'en prendre à une propriété anglaise, fut néanmoins effectuée par les troupes françaises, et les villes anséatiques se virent contraintes à des emprunts forcés pour échapper au même sort.

Les demandes réitérées et instantes que l'Empereur a faites auprès le gouvernement français pour l'engager à remplir ses obligations envers la Russie, et à libérer de toute participation à la guerre présente celles des puissances neutres qui voudraient rester en paix, ont été infructueuses.

A tant de motifs de mécontentement qui tenaient aux intérêts majeurs de l'Europe, le gouvernement français s'est attaché à ajouter tous ceux qu'il a pu donner directement à la cour de Russie par les assertions offensantes qu'il a avancées et fait circuler contre des ministres honorés de la confiance de Sa Majesté, par les scènes qu'a dû subir l'envoyé de Russie aux Tuileries, par l'insistance que le cabinet de Saint-Cloud a mise à poursuivre des employés russes dans l'étranger, enfin par le procédé inique qu'il s'est permis en se faisant livrer par le pape un individu naturalisé Russe, sans égard aux représentations et aux réclamations de Sa Majesté sur ce point.

Le dernier acte de violence commis par les troupes françaises dans le territoire de l'électeur de Bade, ayant alarmé la sollicitude de l'Empereur pour la sûreté et l'indépendance des états européens qui sont à la portée de la France, Sa Majesté lui a exprimé sa façon de penser sur la nécessité qu'il y aurait de les rassurer en s'empressant de faire, envers l'empire, les réparations qui lui étaient dues, et de se prêter à toutes mesures qui pourraient calmer les inquiétudes de l'Europe consternée; l'Empereur n'a reçu à cet office qu'une réponse qui ne lui laissait aucun espoir que la juste attente de Sa Majesté fût remplie, qui tendait à dénaturer la conduite franche, loyale et désintéressée que Sa Majesté a tenue constamment dans les affaires de l'Europe, et particulièrement envers la France, et qui dénotait l'intention manifeste de choquer et d'aigrir davantage la cour de Russie.

Si peu d'égards et de condescendance de la part du gouvernement français aux réclamations de Sa Majesté, une façon d'agir aussi décidément opposée aux désirs de conserver la bonne intelligence entre les deux États, prouvaient déjà suffisamment à la Russie que si, d'un côté, le gouvernement français n'attachait apparemment que peu de prix à ses relations avec elle, et lui donnait par conséquent un motif péremptoire pour ne plus les continuer ; de l'autre, il avait pris la décision invariable d'adopter pour sa conduite une marche absolument contraire aux obligations que la justice et le droit des gens impose, et, d'après cela, qui ne peut se combiner avec les sentiments et les principes que Sa Majesté professe. Cependant, l'empereur voulut encore faire faire un dernier essai auprès du gouvernement français, et, après tant de raisons de mécontentement, il ne lui demanda pour les oublier que l'exécution des engagements ci-dessus énoncés contractés entre les États, et qui auraient dû être depuis longtemps remplis. Ce dernier effort ayant encore été suivi d'une réponse évasive et déclinatoire pleine d'imputations gratuites, et qui ne se distingue que par l'assertion aussi étrange qu'imprévue que les troupes russes n'ont cessé d'occuper la république des sept îles sans aucun concert avec la France, tandis qu'il est constant, et le ministre des relations extérieures ne saurait l'avoir perdu de vue, que ce pays, qui d'abord avait été évacué par les troupes russes, n'a été occupé, par celles tirées de l'État de Naples, que, d'après le consentement de la Porte, sur la demande des habitants et à la suite d'un concert préalable avec la France, il ne reste plus au soussigné qu'à déclarer que toute correspondance ultérieure entre la France et la Russie, devenant de cette manière parfaitement inutile, ne saurait durer plus longtemps, et que Sa Majesté l'empereur n'attend que la nouvelle du départ de son chargé d'affaires de Paris, pour faire insinuer à la mission française de quitter sa capitale.

S. M. I., sans reproches à cet égard, car s'il n'avait tenu qu'à elle, les liens des deux nations, loin de finir, auraient été resserrés davantage, se voit à regret obligée de suspendre ses relations avec un gouvernement qui refuse de remplir ses engagements, ne veut pas se conformer aux égards mutuels que les États se doivent, et de la part duquel, depuis que les rapports entre les deux pays ont été renoués, Sa Majesté n'a eu que des désagréments croissants à éprouver. Toujours, cependant, fidèle à ses principes et avare du sang humain, l'empereur s'en tiendra à cette mesure, à laquelle la position respective de la Russie et de la France lui permet de se borner. Ces deux puissances peuvent se passer d'avoir des relations entre elles, et, pour les continuer, il faut des raisons d'utilité et d'agréments réciproques, sans lesquels il est préférable de n'avoir pas à traiter ensemble. De même que c'est le gouvernement français seul qui a amené cet état de choses, de même c'est aussi de lui seul qu'il dépendra de décider si la guerre s'ensuivra ou non. Au cas qu'il y force la Russie par des nouveaux torts, par des provocations dirigées contre elle ou contre ses alliés, ou bien en menaçant encore plus éminemment la sûreté et l'indépendance de l'Europe, Sa Majesté mettra alors autant d'énergie dans l'emploi des moyens extrêmes qu'une juste défense nécessite, qu'elle a mis de patience à épuiser ceux que la modération commandait, sans blesser l'honneur et la dignité de sa couronne.

Le soussigné, ayant ainsi rempli les ordres qu'il a reçus de sa cour, prie en conséquence le citoyen ministre des relations extérieures de vouloir bien lui faire parvenir sans délai les passeports nécessaires pour quitter la France, et saisit cette occasion d'offrir au citoyen ministre des relations extérieures l'assurance de sa haute considération.

Deuxième Partie.

VI.

Note de M. de Talleyrand.

Le 23 août 1803 (5 fructidor an XI), le ministre des relations extérieures écrivait ce qui suit aux agents français :

« Bourbon-l'Archambault, 5 fructidor an XI.

« Citoyen, comme il a été facile de le prévoir, les

agents anglais font circuler des pamphlets et de mauvais écrits par lesquels ils cherchent à égarer l'opinion de l'Europe : ce sont des dialogues entre l'Elbe et la Seine; ce sont des publications faites par le comte de Lille; ce sont *les deux Promesses* et tant d'autres rapsodies qui ne méritent pas de vous occuper, et que, n'étant pas tenu de lire, vous n'êtes pas tenu de réfuter.

« Cependant, je crois devoir vous faire connaître que les allégations contenues dans la pièce intitulée: *Publication du comte de Lille*, sont de toute fausseté (1). Le premier consul n'a su qu'il existait un comte de Lille à Varsovie que par cette publication répandue dans les journaux anglais, et répétée par ceux d'Allemagne, à l'occasion de la guerre. Cette pièce n'a pas sans doute plus d'importance que les autres libelles dont le continent se voit inondé; mais j'ai cru devoir cependant vous en noter l'extravagante fausseté, afin que, s'il en était question de-

---

(1) Il paraît que le roi de Prusse, dans de bonnes intentions, avait fait proposer au comte de Lille de lui faire obtenir une compensation, s'il voulait faire une cession qui donnerait plus de fixité aux affaires de France. Bonaparte était absolument étranger à cette affaire. Louis XVIII crut cette occasion favorable pour occuper de ses droits, et il publia une lettre en date de Varsovie, le 23 février, dans laquelle il répondait à Bonaparte comme si en effet la demande fût venue de lui. Ce ne fut que plus tard que Bonaparte apprit la démarche faite en cette occasion par le roi de Prusse.

vant vous, vous traitassiez cette rapsodie avec le mépris qu'elle mérite.

« J'ai l'honneur de vous saluer,

« *Signé*, C. M. TALLEYRAND. »

VII.

Le 7 mai 1804 (17 floréal an XII), M. de Talleyrand, ministre des relations extérieures, écrivait aux agents français à l'étranger :

« Paris, 17 floréal an XII.

« J'ai l'honneur de vous adresser une suite de numéros du *Moniteur*, qui présente les développements d'une des plus mémorables discussions qui, depuis un grand nombre de siècles, aient occupé l'attention publique en France et en Europe. Il s'agissait de la manifestation d'un vœu qui, depuis la fin de nos troubles, se formait dans tous les cœurs ; il s'agissait du grand intérêt d'une garantie pour assurer à jamais la gloire et la prospérité de la France. Ce vœu, manifesté au sein de deux autorités, dont l'une est la première et l'autre la plus populaire de l'état, éclate aujourd'hui de toutes parts, dans les villes, dans les campagnes, dans les camps, dans les ports, sur les flottes françaises ; et bientôt la garantie de la durée indéfinie de tout ce qui fonde aujourd'hui l'orgueil et le pouvoir de la France sera solennellement proclamé.

« Samedi, le sénat a porté au premier consul son vœu et celui du tribunat. Hier, des hommes recommandables, envoyés par les villes principales, sont venus lui offrir le concours du même vœu, et des généraux distingués par leur réputation personnelle et leur patriotisme, lui ont présenté celui des armées qu'ils commandent. La France est dans ce moment une famille fière de sa fortune, mais inquiète sur l'avenir, et qui demande que l'adoption mutuelle qui lie ensemble ses destinées à celles du chef qui la gouverne soit pour jamais mise à l'abri des caprices du sort et des vicissitudes du temps.

« Les ennemis de la France verront dans ces événements ce que l'histoire aurait pu leur apprendre : la haine, l'injustice et les trahisons auxquelles une nation sensible et généreuse est en butte, développent toujours dans son sein toute la prudence, tout le courage et toute l'énergie dont elle a été douée par la nature. Ils ont attaqué un peuple qui avait de grands moyens de résistance à leur opposer ; mais une inquiétude vague sur le défaut d'ensemble, de force et d'unité dans ses institutions ralentissait partout le concours des volontés et des efforts individuels, bornait au temps présent la confiance et les espérances publiques, isolait les intérêts de la génération actuelle, séparait, pour ainsi dire, le bonheur des pères de la perspective du bonheur de leur postérité. Ces obstacles n'existent plus. La France, avertie par ses ennemis des dangers qui naissent de l'incertitude de son organisation, va se placer d'elle-même dans une position immuable, et de là, pleine de toute la confiance que doit lui donner le sentiment durable de ses forces, elle saura en faire l'usage que lui prescrivent sa gloire et sa dignité offensées.

« Je n'ai pas besoin de vous indiquer, Citoyen, dans quel sens l'événement actuel et ceux qui en seront la suite devront être présentés. La France, en complétant son organisation commencée depuis quatre ans, ne peut, ne doit et ne veut rien changer à ses rapports extérieurs. Seulement, en plaçant ses droits politiques sous la sauve-garde d'un gouvernement investi de plus d'éclat et revêtu d'une dignité plus pleine de consistance et de force, elle a droit à la réciprocité d'avantages que nos amis peuvent espérer de nous, et en même temps elle attache plus d'importance aux égards que les gouvernements étrangers recevront de son gouvernement, et à ceux qu'ils devront lui rendre.

«Toutefois, Citoyen, aucune mesure d'état n'ayant

encore été prise sur l'objet de la discussion qui, dans ce moment, occupe et rallie tous les esprits, la lettre que j'ai l'honneur de vous écrire n'est que pour votre instruction particulière, et ne doit être l'objet d'aucune communication officielle.

« J'ai l'honneur de vous saluer.

« *Signé* : C. M. TALLEYRAND. »

VIII.

Le 5 août 1804 (17 thermidor an XII), le ministre des relations extérieures écrivait à ses agents ;

« Bourbon-l'Archambault, 17 thermidor an I.

« Je dois, monsieur, vous faire connaître que la conduite de la cour de Vienne à Ratisbonne, dans ces derniers temps, et l'espèce de soin qu'elle a mis à provoquer une discussion que tout le monde cherchait à éviter (1), ont paru d'autant moins concevables, que son ambassadeur à Paris avait lui-même

---

(1) La cour de Russie avait adressé une note relative à l'enlèvement du duc d'Enghien. L'Autriche chercha d'abord à profiter de ces mauvaises dispositions en les exaltant ; mais mieux éclairée, elle parvint à assoupir cette affaire. (*Voyez* les notes ci-jointes.)

demandé que l'Empereur ne fît point répondre à la note russe et laissât les choses s'arranger par le canal de Bade. Il y a plus : quinze jours avant l'arrivée de cette note intempestive et mal calculée du cabinet de St-Pétersbourg, l'empereur d'Allemagne avait fait connaître, dans une lettre qu'il écrivit à M. de Cobenzel et qui fut communiquée par cet ambassadeur, dans une audience particulière à St-Cloud, qu'il savait apprécier ce que les circonstances avaient rendu nécessaire, qu'il complimentait le chef de l'état sur l'heureuse issue des événements qui venaient de se passer, et qu'il lui témoignait le plaisir qu'il ressentait de le voir triompher des complots de ses ennemis. Je vous laisse à comparer ces déclarations, qu'on peut bien appeler officielles, quoiqu'elles n'aient pas été écrites, avec les démarches qui ont eu lieu à Ratisbonne, de la part du même gouvernement. Il y a, dans toute cette conduite, un contraste qu'il sera utile de relever, mais seulement dans vos conversations et avec la mesure qu'exigent de pareilles affaires.

« Je joins ici, monsieur, des informations qui ne vous seront pas d'une moindre utilité pour régler votre conduite et vos discours.

« Le voyage de Sa Majesté impériale a produit tous les effets qu'on devait en attendre. Partout sur son passage, Sa Majesté a recueilli les vœux et les acclamations du peuple ; sa présence à l'armée a ranimé l'ardeur et l'impatience d'une entreprise à laquelle tant de gloire est attachée. Sans cesse occupée de l'inspection des travaux, de la visite des camps, des manœuvres de l'armée, des mouvements de mer, ses jours sont pleins, et la féconde activité de son génie se répand et laisse des traces de vie, de bonheur et de courage.

« Au milieu de tant de fatigues, sa santé se soutient miraculeusement; la persévérance du mauvais temps ne la rebute jamais, et quelques accidents d'un coup de vent qui a fait périr une quinzaine d'hommes et perdre trois bâtiments, n'ont été pour lui qu'une occasion de manifester sa sensibilité. Il a recueilli, dans cette circonstance, les témoignages les plus touchants de l'affection de l'armée.

« Sa Majesté l'impératrice, dans le cours et au terme de son voyage aux eaux d'Aix-la-Chapelle, a été partout l'objet des attentions, de l'empressement et du respect le plus affectueux. Tout ce qui est pour elle une occasion de manifester ses bontés, est, aux yeux de tout ce qui l'entoure et de tout ce qui l'approche, comme un nouveau sujet de cette espèce d'attendrissement que fait naître le premier aspect de la grace unie à la bienveillance.

« J'ai cru, monsieur, devoir vous donner une information positive de tous ces détails. La malveillance, qui déguise tout ce qui est bien et exagère les plus légers accidents, n'aura pas manqué de dénaturer le faible échec que le coup de vent de la dernière tempête, si généralement funeste aux forces anglaises, a pu faire essuyer à quelques-unes de nos barques. Je suis bien aise de pouvoir vous mettre à portée de rectifier ces faux bruits en propageant la vérité par tous les moyens non officiels qui sont en votre pouvoir, ce sera le contrepoison de toutes les vaines rumeurs que fait circuler la malignité anglaise.

« J'ai l'honneur de vous saluer,

« *Signé* C. M. Talleyrand. »

IX.

Le 16 août 1804 (28 thermidor an XII), le ministre des relations extérieures écrivait à un agent français :

« Valençay, 28 thermidor an XII.

« Dans un moment où la situation respective de la France et de la Russie donne matière aux observations des divers cabinets d'Europe, et ne peut manquer d'occuper celui où vous résidez, je dois, monsieur, vous transmettre à ce sujet quelques informations qui seront utiles pour diriger vos conversations et l'emploi de votre influence.

« Il n'y a peut-être pas de cour aussi pauvre en hommes habiles que celle de Russie. M. de Marcoff y est un aigle. Les Warouques sont bien connus pour être tous Anglais. Celui qui s'est établi à Londres y a placé des fonds considérables, y a acheté de grands biens et a ouvertement annoncé qu'il voulait y finir sa vie. Les Woronzow ne sont plus Russes, et depuis longtemps cette faction britannique avait cherché à vendre au cabinet de Londres les intérêts nationaux de la Russie.

« Cependant, quelques circonstances heureuses avaient balancé l'ascendant de cette faction. On a pu comparer les effets de l'influence de la Russie sur le continent, lorsqu'elle était unie à celle de la France et lorsqu'elle en était séparée, on a dû être frappé de l'évidence des intérêts qui devaient faire désirer à la Russie de s'unir inséparablement à la France. Le sens droit de l'empereur Alexandre lui a fait discerner, dès le début de son règne, le véritable système politique que son père avait enfin adopté. Les intrigues anglaises ont été déjouées, et, en dépit des Anglo-Russes, la bonne intelligence entre le cabinet de Pétersbourg et celui des Tuileries s'est longtemps maintenue. Mais, en dernier lieu, on a trouvé le moyen de surprendre la note qui a été envoyée à

Ratisbonne (1); non pas que cette démarche fût susceptible de produire aucun effet en Russie, puisque, après tout, la diète est peu de chose pour le fond des affaires, et que si l'on eût voulu porter un coup direct, c'était à Vienne, ou même à Paris, qu'il fallait agir. Mais, en engageant l'empereur de Russie par une démarche d'ostentation, on espérait que la France répondrait vivement, et que l'empereur Alexandre, préparé à son tour, manifesterait, par quelque procédé offensant, une aigreur qui, s'accroissant par degrés, finirait enfin par forcer les deux gouvernements à un éclat que rien ne pourrait prévenir.

« La prudence de Sa Majesté a trompé de nouveau cet infâme calcul des ennemis de la paix. La cour de Russie demeure aujourd'hui comme incertaine; elle s'aperçoit de l'inconséquence de sa démarche; elle voudrait tenir un autre langage, prendre une autre attitude, mais elle ne sait comment s'y prendre pour se remettre en mesure, et on ne sait où elle veut aller.

« La Russie a la conscience qu'elle ne peut pas plus se mêler des affaires du midi de l'Europe que la France de celles de la Perse; mais elle ne sent pas encore assez que c'est à la France seule, c'est-à-dire au concert qu **s**'est établi dans ces derniers temps,

---

(1) **Relativ** duc d'Enghien.

entre les deux cabinets, qu'elle doit d'avoir obtenu en Allemagne une influence qui a eu pour elle de grands et honorables résultats.

Cependant, il est impossible que la cour de Russie n'aperçoive pas ce qui, dans les autres cabinets de l'Europe, n'a échappé à personne : les temps ne sont pas bien éloignés et la comparaison est facile à faire. La Russie, opposée à la France, a perdu en vain deux armées considérables, des dépenses énormes, la tranquillité intérieure, et a vu finir d'une manière déplorable le règne du prince qui la gouvernait. La Russie, rapprochée de la France, et unie de système et d'intérêts avec elle, a consolidé la paix de l'Europe, a organisé l'Allemagne, et a rétabli, sur des bases durables, l'édifice du droit public, qu'une guerre furieuse avait totalement détruit.

« Tout ce qu'il y a de bons esprits à Pétersbourg ne peut manquer de reconnaître que la conduite actuelle de la Russie, son indécision et sa faiblesse, que dans son aveuglement elle prend peut-être pour de la dignité, lui feraient perdre l'influence de considération et l'estime que lui avaient obtenu ses rapports avec la France. Sa Majesté, à la première nouvelle de la note présentée à Ratisbonne a dit : « Ah! voilà toute la prépondérance qu'avait acquise la Russie en Europe par sa médiation avec la France, perdue à Ratisbonne! » Ce mot, plein d'un sens juste et profond, est déjà cité en Europe ; et dans le fait, c'est là seulement ce qu'on peut prévoir si la Russie se brouillait avec la France ; car si, contre toute apparence, il arrivait qu'elle se portât jusqu'à vouloir se joindre au cabinet anglais, et si, unissant ses intrigues à celles de l'Angleterre, elle parvenait enfin à vaincre les sages dispositions et les pacifiques déterminations de la cour de Vienne, et à l'entraîner avec elle dans une guerre contre la France, la Russie, dis-je, dans ces hypothèses, ne jouerait, à côté de l'une et de l'autre puissance, qu'un rôle secondaire. Elle verrait, comme dans les campagnes de l'an VII (1798-99), comme en Hollande, en Suisse, en Italie, ses armées battues, sa gloire compromise, et des efforts même de cette nouvelle coalition, il ne résulterait pour la France qu'un accroissement colossal de force et de puissance.

« Telles sont, monsieur, les réflexions que j'ai été bien aise de vous communiquer et dont vous pouvez faire usage dans vos conversations.

« J'ai l'honneur de vous saluer,

« *Signé* C. M. TALLEYRAND. »

X.

Le 14 novembre 1804 (23 brumaire an XIII), le

ministre des relations extérieures écrivait aux agents français :

« Paris, 23 brumaire an XIII.

« Monsieur, l'arrestation de M. de Humboldt, agent du gouvernement anglais à Hambourg, avait été motivée par la connaissance acquise des pratiques insidieuses et criminelles qu'à l'exemple de MM. Dracke, Spencer-Smith et Taylor, il s'était permises dans le voisinage même de l'armée française. Il avait paru nécessaire que le cabinet britannique fût averti que toutes ses intrigues continuaient à être pleinement dévoilées, et que l'abominable doctrine de lord Hawkesburg ne serait pas impunément mise en action par les agents qu'il entretenait sur les frontières de la France et aux avants-postes de ses armées. Cependant Sa Majesté Impériale, qui, dans le temps, avait désiré que MM. Dracke et Smith fussent éloignés de Munich et de Stuttgardt, et qui, dans cette circonstance, n'avait pareillement en vue que de faire sortir de Hambourg un homme voué aux mêmes manœuvres, et non moins dangereux pour le repos du continent, s'est portée volontiers, comme vous l'avez vu par l'article inséré au *Moniteur* du 20, à faire reconduire immédiatement M. de Humboldt en Angleterre. Il a été agréable à Sa Majesté Impériale de témoigner en cette occasion les dispositions pleines de bienveillance où elle est à l'égard d'un monarque dont elle chérit l'amitié autant qu'elle en estime le caractère; et il a été jugé utile de faire ressortir en Europe l'espèce de protection que la Prusse vient de donner à l'Angleterre, afin que cette nation reconnaisse enfin combien toutes ses usurpations maritimes lui donnent peu d'influence sur le continent, et à quelles avanies méritées elle y serait exposée, si la magnanimité des puissances continentales ne se refusait pas à imiter l'exemple qu'elle donne, et à se régler d'après ses odieux principes.

« Cette lettre, Monsieur, ne doit servir qu'à vos conversations, et vous sentez suffisamment qu'il n'y a rien d'officiel à dire ni à écrire sur cette affaire.

« Agréez l'assurance de ma parfaite considération.

« *Signé* : C. M. Talleyrand. »

Troisième Partie.

XI.

Opinions des ministres d'Autriche, des Pays-Bas, de Russie et de Prusse, sur les sacrifices à demander à la France. — Août 1815.

Mémorandum, par le prince de Metternich.

(A.) La guerre de 1815 n'est pas une guerre de conquête. Elle n'a été entreprise que dans le double but d'abattre l'usurpation de Napoléon Bonaparte et d'asseoir un gouvernement en France sur des bases assez solides pour qu'il puisse offrir des garanties de tranquillité à la France et à l'Europe.

Cette guerre ne doit pas dégénérer en guerre de conquête, parce que les déclarations des puissances et les termes des traités seraient en opposition à un pareil but. Une saine politique ne doit pas moins retenir les puissances de la laisser dégénérer en guerre de conquête, parce qu'une altération notable dans l'état de possession, tel qu'il se trouve établi par le congrès de Vienne, entraînerait un revirement général, dans lequel le but de la guerre, *l'urgente nécessité de mettre un frein aux principes subversifs de l'ordre social, sur lesquels Bonaparte a fondé son usurpation, quelque courte qu'elle ait été, a donné le plus dangereux développement*, se perdrait incessamment dans la foule de nouveaux intérêts qui résulteraient de pareils revirements.

Il est temps enfin de donner un nom au mal que nous combattons en France; le *jacobinisme armé* seul pourrait espérer de tirer un avantage réel d'un bouleversement nouveau dans les relations politiques des puissances, relations toujours liées à leurs rapports géographiques et statistiques.

J'exclus en conséquence de nos calculs tout arrangement entre les alliés qui entraînerait des revirements territoriaux.

(B.) Plus je suis convaincu que tel doit être le principe qui devra guider la marche des puissances, plus il me paraît d'un autre côté qu'elles ne doivent pas se faire illusion sur la nécessité d'exiger des garanties de la part de la France, et ne pas borner ces garanties à celles qu'elles ne pourraient vouloir chercher que dans les *institutions politiques* et dans une occupation militaire *momentanée*.

La France, de longtemps, ne sera pas dans le cas d'asseoir le système de son gouvernement de manière à offrir à l'Europe, dans ses seules institutions, des gages de sûreté.

L'occupation militaire, si elle devait avoir lieu *sur une échelle étendue*, heurterait autant et plus le sentiment national de la France, que des cessions auxquelles elle s'attend.

Nous risquerions sans doute non moins de manquer notre but, *si cette occupation était restreinte*, et si elle n'était appuyée sur aucune autre garantie.

Il est donc certain que les efforts immenses que vient de faire l'Europe ne peuvent être couronnés d'un plein succès, qu'autant que les quatre grandes cours se réuniront franchement sur un système fondé également *sur l'esprit des traités, sur la position réelle des choses en France, sur la nécessité de rendre le calme à cette partie du continent par des garanties qu'elle devra donner aux puissances, et qu'elle est en droit de lui demander à son tour.*

J'essaierai de développer les principes que je crois les plus conformes à ces divers points de vue.

Les puissances alliées ont le droit de demander à la France :

1° Une indemnité pour les frais de guerre ;

2° Une garantie réelle et permanente, en changeant son attitude offensive en une attitude défenfensive plus rapprochée de celle des autres puissances ;

3° L'adoption d'une forme de gouvernement et d'institutions qui se concilient avec celles des autres grandes puissances de l'Europe, et qui, par un juste balancement de pouvoir, assurent à la France et à l'étranger des garanties de leur stabilité ;

4° Que la France enfin se soumette à des mesures de police intérieure et momentanées, qui offrent au gouvernement royal un juste soutien, et à l'Europe des gages de repos.

(Ad. 1.) Cette indemnité ne pouvant avoir lieu qu'au moyen d'une contribution forcée, il suffit que, pour ne pas sortir du but du présent *memorandum*, j'admette cette contribution en thèse, en réservant la fixation de sa quotité à une discussion séparée.

(Ad. 2.) L'Europe, et surtout les puissances limitrophes de la France, ont le droit de demander que cet état ne demeure pas dans une attitude offensive.

(A.) L'attitude offensive de la France se fonde sur des positions offensives qu'elle a trouvé moyen de se ménager depuis le règne de Louis XIV, par l'établissement de grandes places d'armes et de forteresses placées à des postes assez avancés, pour empêcher la formation et le déploiement d'armées qui n'auraient d'autre but que la défense de leur propre territoire.

(B.) Sur un système de fortification qui se trouve hors de proportion avec les moyens de défense des états voisins, et non moins hors de proportion avec tous ceux dont ils puissent jamais disposer pour rétablir un balancement dans leurs attitudes militaires réciproques.

Le système de fortification de la France a été formé, ou par la conquête des places fortes que son gouvernement a conservées et augmentées, telles que les forteresses dans la Flandre française, ou par la construction de nouvelles places dans des provinces conquises, et de ce nombre sont les forteresses de l'Alsace, de la Lorraine et de la Franche-Comté, et de la ligne du Midi.

Le système de fortification de la France a acquis, dans les derniers temps, une nouvelle valeur, par deux circonstances qui ne sauraient être trop portées en ligne de compte.

L'une est l'institution de la garde nationale, de cette grande force défensive qui suffit pour la dotation de toutes les places fortes de la France, et qui permet à son gouvernement de jeter impunément au dehors toute sa force militaire réglée.

L'autre est la destruction de toutes les places fortes dans les Pays-Bas et en Allemagne, et cette dernière, opérée par la France elle-même dans toutes les guerres depuis Louis XIV.

Ehrenbreitstein, Philipsbourg, Ingolstadt et plusieurs autres places de la plus grande importance, ont été démolies en entier; toutes les villes, telles que Francfort, Ulm, etc., qui avaient une circonvallation et quelques moyens de défense, en ont été privées. La Savoie a dû prendre antérieurement l'engagement de ne pas fortifier les passages de ses montagnes.

Toutes les guerres entreprises par la France, sous tous les gouvernements depuis Louis XIV, fournissent la preuve que cette puissance a poursuivi, avec une constance invariable, l'établissement d'un système de fortification et de défense aux dépens de tous ses voisins : il ne serait pas digne des puissances vouées à la noble entreprise de rétablir le repos de l'Europe sur des bases fortes et véritables, de se faire illusion sur des faits aussi incontestables que le sont ceux-ci :

1º Que ce système de défense offensive ressort bien moins des principes qui ont provoqué les guerres de la révolution, qu'il n'est inhérent à celui de la monarchie royale française;

2º Que, vu le système de fortification de la France, il a fallu, et la destruction totale de l'armée française dans la campagne de 1812, et la perte, dans cette même campagne, de tout le matériel nécessaire à la dotation des places, et surtout les efforts réunis de l'Europe, pour assurer le succès des armées en 1813, 1814 et 1815.

La France, conservant sa triple ligne de forteresses, sera toujours, et sous une forme de gouvernement quelconque, assez forte pour porter, au-delà de ses frontières, autant et plus de monde que ne peut lui opposer toute autre puissance du premier ordre, et pour ne risquer en perdant des batailles, que toujours elle livrera sur territoire étranger, que d'être forcée à renoncer à un projet de conquête ; elle sera de même assez forte pour résister, dans des temps ordinaires, à l'attaque de deux ou trois puissances du premier ordre, réunies pour une même cause.

La conviction que doit avoir le peuple français, que les guerres ne lui coûtent que des hommes, et tout au plus de l'argent, mais que les propriétés des particuliers ne sauraient être dévastées, et que les citoyens ne risquent pas d'être exposés aux fléaux inséparables de la présence d'armées ennemies, est, sans contredit, une des raisons qui a mis le plus de moyens offensifs à la disposition du gouvernement révolutionnaire.

Il suffit de connaître l'égoïsme et le manque d'esprit public qui caractérisent la nation française, pour vouer à cette considération une valeur toute particulière.

Il me paraît donc que l'intérêt permanent de l'Europe exige :

(A.) Que la France perde les points offensifs que lui a laissés le traité de Paris.

(B.) Que des forteresses de la première ligne, ou passent sous la domination étrangère et servent dorénavant à la défense des frontières des états voisins, ou que, pour le moins, elles soient rasées.

Si la première ligne des forteresses de la Flandre devait former dorénavant la frontière des Pays-Bas, ceux-ci ne seraient pas placés, par ce fait, dans une attitude offensive contre la France, car il resterait, dans ce cas, à ce royaume, deux lignes de défenses fortifiées.

Si les places de l'Alsace étaient rasées, à l'exception de Landau, qui, à mon avis, devrait être réuni à l'Allemagne, pour compenser la perte de Philipsbourg, et à l'exception de quelques autres places qui ne peuvent servir qu'à la défense de cette frontière, sans menacer comme Huningue la tranquillité d'une capitale voisine; si Strasbourg ne conservait que sa citadelle pour appuyer cette grande et importante cité, qui, dans ce moment, n'est qu'un vaste camp retranché, une place d'armes dans laquelle se formera et se concentrera toujours une armée qui, vu sa position à l'extrême frontière, portera, dès l'ouverture d'une campagne, le théâtre de la guerre sur le territoire étranger, la sûreté de la France serait loin d'être menacée.

Les défilés et les positions des Vosges et du Jura; les forteresses de seconde ligne qui sont susceptibles de grands développements, formeraient des boulevards plus que suffisants, et que le manque de places fortes dans lequel se trouve le midi de l'Allemagne, est loin de compenser en faveur des puissances voisines.

Il en est de même de la place de Briançon et de plusieurs fortifications sur la ligne du Midi, qui devraient être démolies.

Il suffit de consulter l'histoire de tous les temps et de considérer le dénuement de moyens pécuniaires dans lequel les puissances se trouvent, pour que *la construction projetée de plusieurs places* ne présente guère de chances de sécurité, quelques secours pécuniaires qu'il soit possible de tirer de la France.

Les princes, qui ont fait de si glorieux efforts pour le soutien de la cause des gouvernements et des nations, et qui sont également prêts à n'admettre de nouveau aucune chance d'ambition, et à ne consulter que ce qu'ils doivent à la sûreté de l'Europe, doivent viser à couronner leur grande entreprise par des mesures qui ne mettent plus en doute le fruit des efforts de leurs peuples, et ce but ne sera véritablement atteint que quand la France ne pourra plus attaquer et envahir ses voisins avec l'assurance de l'impunité. Il me paraît, en un mot, que la France doit être mise au niveau des chances et risques des autres puissances du premier ordre, et que, de cette manière, un gouvernement fort en France soit moins tenté de subjuguer ses voisins, et qu'un gouvernement faible y devienne moins le jouet des factions qui, à l'abri de remparts inexpugnables, ne risquent pas, à moins de l'arrivée des forces de l'Europe entière, de se voir arrêtés dans leurs criminelles atteintes.

L'expérience des dernières cent cinquante années a prouvé que ces considérations s'adaptent à tous les règnes qui se sont succédés en France, et que sans doute elles sont dignes de toute la sollicitude des puissances.

(Ad. 3.) Les alliés ont, sans contredit, le droit de s'assurer que les institutions sur lesquelles doit se fonder le repos de l'intérieur de la France, soient assises sur des bases solides et aptes à assurer ce but. La marche que les cabinets réunis suivent, dans ce moment, semble la seule conforme à cette intention et la plus adaptée aux circonstances.

(Ad. 4.) J'entends, par mesure de police intérieure, la présence prolongée en France des troupes étrangères; cette mesure offre des considérations tellement majeures, qu'elle devra être dans son application le résultat d'une délibération expresse, qui devra porter sur les points suivants :

1º De quelles armées devront se composer les troupes étrangères?

Il paraîtrait utile que, pour éloigner d'une mesure de simple précaution toute idée de conquête, les puissances qui se trouvent en contact de frontières avec la France ne doivent pas fournir des corps de troupes.

2° Quel devrait être le nombre des contingents?

Je crois que le nombre total des troupes étrangères en France devrait, pour le moins, être de cent à cent cinquante mille hommes.

3° Fixer les rapports dans lesquels les généraux commandant ces troupes devraient se trouver vis-à-vis du gouvernement français.

4° Fixer les rayons qui devraient être assignés aux cantonnements de ces troupes.

Ces rayons me paraissent devoir être déterminés d'après des considérations combinées, tant militaires qu'administratives, et, dans tous les cas, tenir les troupes étrangères hors de contact avec les corps de l'armée française.

5° Prendre en considération jusqu'à quel point il serait convenable et utile d'employer ces corps auxiliaires à l'exécution des stipulations des traités futurs à la charge de la France.

XII.

Observations sur la question de l'intégrité de la France; par M. DE GAGERN, *ministre des Pays-Bas.*

Deux grandes parties de l'Europe se sont fait la

guerre, l'une évidemment dans l'intention d'agrandir son territoire, d'envahir si elle réussissait. Appeler, admettre ou applaudir Napoléon, n'était autre chose que vouloir guerre, gloire, pillage et conquête.

L'Europe demandait à la France un gouvernement plus pacifique, et l'ancienne dynastie, qui n'avait pas besoin d'un autre éclat, y paraissait la plus propre. Napoléon paraît : tout fléchit devant lui, la guerre éclate, il emploie les forces de la France, il succombe avec elle, et elle rejette aujourd'hui l'idée d'être payée de la même monnaie. J'analyserai brièvement ces sophismes pour s'y soustraire et les combattre par le gros bon sens. Il s'agit de cessions territoriales. *L'honneur français en serait blessé.*

Cet honneur français est-il autrement fait que celui des autres nations ? Je croyais à cet honneur français, j'y croirais encore ; mais n'en parlons plus aujourd'hui. L'honneur est un sterling-valeur, composé de ses éléments et attributions.

Le retour de Napoléon, soutenu par l'armée et l'élite de la jeunesse, est une des plus vilaines taches faites à ce même honneur, depuis que l'espèce humaine est civilisée.

Ce territoire, ce royaume est indivisible.

Depuis longtemps les diplomates français se sont moqués de cette prétendue indivisibilité.

Perdre du territoire est une des suites du : *C'est la terre classique de la France dont il s'agit.* C'est-à-dire la terre de leur concupiscence et de leur vanité ; le fruit de leurs guerres, de leurs victoires, de leurs ruses. C'est la valeur, l'intelligence et la fortune supérieure qui la leur ont donnée ; c'est la valeur, l'intelligence et la fortune supérieure qui vont la leur ôter. A commencer par les Trois-Evêchés : Metz, Toul, Verdun et leurs diocèses. Les ont-ils occupés en guerre ouverte ? Point du tout, mais à titre de bienveillance, d'amitié et de protection, il suffit de lire leur propre aveu sur cette usurpation, et ce qu'en disent les ambassadeurs de Louis XIV ou de la reine régente, au congrès de Munster, dans les dépêches officielles, datées du 17 septembre 1646. « Mais ce qui n'est guère moins à estimer, c'est qu'un droit de protection sur les Trois-Evêchés, qui a été le seul jusqu'à présent, est aujourd'hui changé en une souveraineté absolue et indépendante, qui s'étend aussi loin que ces trois diocèses ; encore que nous ayons bien connu d'abord l'importance de cette acquisition, nous avons affecté pendant quelque temps de la mépriser, jusqu'à ce que nous ayons été assuré du reste. »

La guerre de trente ans était foncièrement guerre civile en Allemagne. Le parti protestant avait appelé la Suède et la France pour le maintien de l'équilibre ; ces cours demandèrent, *à titre de satisfac-*

tion, des contributions et des cessions qui n'étaient nullement l'objet primitif de la guerre. Nous demandons la même chose à bien plus juste titre, et au besoin nous employons et emploierons les mêmes expressions.

Ouvrons les Mémoires du temps, voyons la narration succinte du suffragant Adami, lui-même plénipotentiaire à ce congrès, et l'un des hommes d'état les plus estimés de tous les partis. Dans le courant de ces mêmes négociations, Contarini, le médiateur vénitien, se plaisait à dire, sur les Deux-Alsaces et sur le Sundgau, à l'ambassadeur français qui haussait ses prétentions à mesure qu'on accordait : « Qu'il avait envoyé à son maître trois provinces dans une lettre. »

Après soixante ans de possession, le prince Eugène de Savoie observait encore à Torcy, le négociateur français :

« Que d'ailleurs l'Alsace n'était pas une province française, mais un pays de conquête qu'on devait abandonner sans peine. »

Après cent soixante ans, nous disons la même chose. Rien n'est oublié : rien n'est changé.

La prescription est une invention du droit civil inconnu au droit de la nature. On oublie sans doute les rapports, contrats, titres de famille; et pour couper court à des procès inintelligibles et interminables, l'esprit humain a inventé l'idée de la prescription, en admettant certain nombre d'années, l'unité trois, dix, trente ; enfin le temps immémorial. En politique, il n'y a rien d'immémorial. L'histoire est là pour nous montrer clair et net l'origine des guerres, la transmission des possessions, les traités de paix et les motifs. Une saine morale veut que les traités de paix, même désavantageux, soient maintenus. Mais rompre pour d'autres causes l'état de guerre échéant, on revient au précepte : « Ce qui a été juste, équitable ou admissible pour vous, le sera aujourd'hui pour nous. »

Dire qu'on ne fait la guerre qu'à Bonaparte, est une des assertions les plus absurdes que jamais gens raisonnables se soient permise, et qui ne peut avoir été inventée que pour se moquer de nous. Nous ne la croirons que quand on nous aura prouvé que lui seul mitraillait, tirait, sabrait à Quatre-Bras, Ligny, Waterloo. Qu'il y ait eu des gens assez sages en France pour ne pas vouloir la guerre et en craindre les suites, qui en doute ? Charles XII était aussi un roi très-ambitieux et conquérant. La Suède gémissait de ses excès, et une grande masse de la nation désirait vivement la paix. Lui-même combinait, méditait déjà un autre système d'alliance, et commençait même à briguer l'amitié de la Russie. La balle l'atteint. Les Suédois, dans leurs négociations et représentations, se servirent à peu près de semblables arguments, ce qui n'empêcha pas Pierre-le-

Grand de se faire céder les plus belles provinces; et celui qui a succédé à son empire et à sa gloire savait être magnanime, mais il saura être juste.

On assure qu'on a promis l'intégrité : où? qui? quand? Pareille phrase s'était glissée dans un projet de déclaration; le ministre des Pays-Bas, au congrès, qui sans doute y était le plus intéressé, a cru de son devoir de rendre attentif aux fausses conclusions; il s'y est opposé par une lettre adressée au ministre britannique, et la rédaction, la signature n'ont pas eu lieu. Voici cette lettre écrite à la hâte :

« Vienne, 11 avril 1815.

« En entrant, milord, je trouve la pièce ci-jointe pour y apposer ma signature. Comme ce passage : « Que le traité du 30 mai et les *arrangements territoriaux* et politiques arrêtés au congrès, resteront la règle des rapports entre elles et les autres états de l'Europe, » est absolument contraire à ma conviction morale et politique, je ne peux me résoudre à la signer. Votre excellence est le maître de passer ce refus sous silence ou d'en faire mention dans les protocoles. »

Les forces de la France turbulente se déploieront pour nous prendre des provinces. Les nôtres, pour les punir, se déploieront dans les mêmes intentions. Nos frontières sont mauvaises, il faut les rectifier.

Cependant je suis loin de mettre trop d'importance à cette opposition : car si cette proclamation avait eu lieu, le sens était tout autre que celui qu'on cherche à lui donner. Je rétablirai ce véritable sens. La paix de Paris est faite; quelque défectueuse qu'elle nous paraisse, nous la maintiendrons. L'exclusion de Napoléon du trône de France en est la première base. Chassez-le ; chassez-le pendant que nous nous préparons à vous en débarrasser, car nous n'en voulons pas à votre territoire. Mais si vous lui adhérez, si nous en venons sérieusement aux mains, prenez-vous-en à vous-mêmes de toutes les suites fâcheuses.

Combattions-nous à Waterloo quelques faction? Non sans doute, l'armée, la jeunesse française, l'élite était là ! Nous continuons donc de dire aujourd'hui et après la victoire : L'accord est fait, vous le rompez, payez les frais de procès. La France admet ce raisonnement et la justice de l'indemnité, car nulle part on ne raisonne mieux qu'en France, pourvu qu'on le veuille. Mais on croit être quitte pour des sacrifices en argent. Qui leur permet ce choix? A Munster et à Osnabruck, on a fait marcher de pair la satisfaction en argent et les cessions territoriales ; l'une modifiait l'autre. Votre traité d'alliance est rédigé avec une grande précaution et un excellent choix d'expressions.

« De préserver contre toute atteinte l'ordre des

choses si heureusement rétabli en Europe, et de déterminer les moyens les plus efficaces de mettre ces engagements à exécution, ainsi que de leur donner, dans les circonstances présentes, toute l'exécution qu'ils réclament impérieusement. »

Et plus bas, article Ier.

« Les hautes puissances contractantes, ci-dessus dénommées, s'engagent mutuellement à réunir les moyens de leurs états respectifs, pour maintenir dans toute leur intégrité les conditions du traité de paix conclu à Paris, le 30 mai 1814, ainsi que les stipulations arrêtées et signées au congrès de Vienne, dans le but *de compléter les dispositions du traité*, de les garantir contre toute atteinte, et particulièrement contre les desseins de Napoléon Bonaparte. »

Le but principal de la paix de Paris n'était donc certainement pas le ménagement du soi-disant honneur français ou de leur gloire; la sécurité des Bourbons, les déférences pour cette dynastie, ne tenaient indubitablement que le second rang. Une pacification durable, une juste répartition des forces, l'équilibre de l'Europe, sa tranquillité : voilà quel était le but; et l'événement a prouvé sur-le-champ qu'on avait encore mal calculé; qu'il fallait toute cette réunion de forces pour dompter.

Compléter la paix, consolider cet état de repos, ce système d'équilibre, en chercher les moyens les plus sûrs, voilà le grand, le noble projet de notre alliance, et c'est à nous à juger ce qui doit former ce complément.

Loin de moi et de tout homme d'état qui connaît l'Europe, l'idée d'un déchirement de la France, de l'antique France; loin de moi l'intention de la réduire à un véritable point de faiblesse. Posséder sur le Rhin, avoir l'Alsace, n'est pour eux qu'un aliment d'orgueil, qu'une tentative, qu'un stimulant de plus d'en avoir davantage, d'avoir la limite du Rhin tout entière.

Nous nous gênons entre Suisse et Hollande; l'un doit faire place à l'autre. Schopflin, l'un des savants les plus distingués de France, lui-même Alsacien, disait de son pays: *Alsatia, præpotens illa Rheni superioris custos, quæ superiori ævo Germanis aperuit Galliam, nostris Germaniam nunc aperit Gallis.* (L'Alsace, cette puissance gardienne du Rhin supérieur, qui jadis ouvrait la France aux Allemands, ouvre aujourd'hui l'Allemagne aux Français.)

Et qui nous dira qu'il a tort?

M. de Bignon, diplomate habile, auquel on destinait le portefeuille des affaires étrangères, s'exprime ainsi dans son exposé comparatif de l'état financier, militaire, politique et moral de la France et des principales puissances de l'Europe; ouvrage, sous plus d'un rapport, digne d'être lu, page 173.

« Il est notoire que depuis plusieurs siècles la limite du Rhin est une acquisition que la France n'a cessé d'avoir en vue. Nous repousser de nouveau loin de cette limite, dont nous avons été vingt ans en possession, est un acte d'une politique insidieuse, qui nous provoque à des démarches indiscrètes dans le dessein d'en profiter. Trompons son attente par une noble résignation et une héroïque patience. »

Nous venons de voir et cette noble résignation et cette héroïque patience ; et trois années ne s'écouleront pas que nous serons encore témoins et peut-être victimes de cette héroïque patience, si éloignée du caractère national. Mieux vaut-il leur ôter tout prétexte, tout contact avec les bords du Rhin, qui, depuis des milliers d'années, formait notre antique patrimoine.

La France nous fera bientôt la guerre : elle sera toujours menaçante. A la bonne heure, je le crois. Elle le sera en cédant et en ne pas cédant. L'irritation est trop forte et trop prononcée, l'orgueil trop blessé pour qu'il en soit autrement. Préparons-nous à cette lutte ; mais ôtons-lui quelques grands moyens de nous faire du mal.

Pour gagner l'affection, la reconnaissance des Français, affection que vous ne gagnerez jamais, faut-il indisposer, révolter toute l'Allemagne? Il y aura un cri d'indignation d'un bout à l'autre, je vous en préviens. Les monarques allemands, français et Frédéric-Guillaume, ne rentreront pas avec tout honneur, acclamation et gloire dans leurs capitales. Ils verront peut-être troubler leur avenir. Leurs ministres, seraient-ils les plus vertueux et les plus sages, seront sur-le-champ accusés d'ineptie et de corruption, et rien ne les relèvera de ces reproches.

J'entends dire : *Il n'y a pas d'Allemagne.* Il me semble que nous avons joliment prouvé qu'il y en a une, et une Allemagne et des Allemands ; une Allemagne qu'il ne faut point irriter ni injurier ; une Allemagne qui a son genre de *public-esprit.* La France a été atteinte de révolution parce qu'elle se croyait négligée, et que son roi était censé avoir souffert l'offense et l'injustice!! Le meilleur moyen d'empêcher les révolutions, le discrédit des monarques, c'est d'en éviter les causes.

Pour les Pays-Bas, quand on leur aura restitué les cantons enlevés sans motif, ce n'est pas une question d'ambition, mais une question essentiellement militaire pour l'Allemagne, une question nationale.

Dans un sens sans doute, il n'y a pas d'Allemagne ; il n'y a pas cet ensemble d'un vaste empire qui effraie les voisins par l'agrandissement de son territoire. L'Allemagne, comme telle, est un système fédératif, une ligue, par sa nature, en paix avec tout le monde, et l'agrandir n'est qu'un gage de plus du maintien de la paix de l'Europe ; et cette même considération majeure est encore applicable aux Pays-Bas. M. de Bignon s'appliquait à prouver que, même après les sacrifices de la paix de Paris, la France serait l'état le plus puissant, l'état prépondérant sous tous les rapports. J'en suis intimement persuadé; il aura encore raison, même après la cession de l'Alsace, de la Lorraine et de la Flandre. Je pourrais; dans cette réminiscence de provinces arrachées, y ajouter l'Artois, la Franche-Comté, si telle était ma conviction.

La guerre, pour me servir du langage des anciens, m'a toujours paru un jeu funeste, où les chances de gain et de perte devraient se trouver égales pour l'une et l'autre partie. Le contraire: tout d'un côté, rien de l'autre, est une absurdité. Je n'ai aucune animosité personnelle contre la France. Personne ne rendra plus de justice que moi à ce peuple, vaillant, hospitalier, aimable, spirituel, mais gâté par la fortune et le désordre. Je lui souhaite bonheur et prospérité, le repos après tant d'orages, et son haut rang parmi les nations. Mais d'autres conditions me paraîtraient bien plus dures et plus humiliantes que celles communes à toutes les guerres malheureuses.

Paris, août 1815.

XIII.

État des négociations actuelles entre les puissances alliées et la France, le 16-28 juillet 1815; par M. Capo d'Istria, ministre de Russie.

L'alliance européenne et la guerre qui vient d'être heureusement terminée par la bataille du 18 juin, avaient pour but :

1º De délivrer la France de Bonaparte et du système révolutionnaire qui l'avait porté sur le trône.

2º De placer cet état dans la situation intérieure et dans les rapports extérieurs rétablis par le traité de Paris.

3º De garantir à la France et à l'Europe le maintien inviolable des transactions fondées sur le traité de Paris, et complétées par les actes du congrès de Vienne.

Bonaparte et les siens sont au pouvoir des alliés. Son armée est soumise. Elle va être licenciée. Louis XVIII est à Paris. La nation reconnaît ce monarque comme l'intermédiaire de sa pacification avec l'Europe.

Les armées alliées occupent la France; elles sont entretenues par Napoléon.

Le premier et le plus essentiel objet de l'alliance et de la guerre est donc atteint.

Il s'agit maintenant de remplir le second, savoir : de garantir, par des mesures grandes et efficaces, le repos de la France, et conséquemment celui de l'Europe.

Ce repos ne peut consister en France que dans un ordre de choses qui rende à jamais impossible le retour des révolutions. Il ne peut se consolider en Europe qu'autant que la France, comme corps politique, sera mise dans l'impossibilité d'y porter atteinte.

C'est de ce principe, de l'état actuel de l'esprit public en France, enfin, du traité du 25 mars, que dérivent en raison composée toutes les questions relatives aux garanties que les alliés ont le droit d'exiger de la nation française, à l'effet d'assurer, d'une manière immanquable et permanente, le résultat des grands sacrifices qu'ils ont faits au bien général. Ces garanties sont morales et réelles. Les unes ne peuvent reposer sur l'opinion ; les autres se fondent sur la force. Une constitution qui affermira le pouvoir du gouvernement du roi sur celui d'une représentation nationale, et qui identifie les intérêts créés par vingt-cinq ans de révolutions à ceux de la royauté, peut seule présenter l'ensemble des garanties morales.

Il importe d'examiner les garanties de l'une et de l'autre classe pour décider :

1° Si c'est dans l'une ou dans l'autre, ou enfin

dans toutes les deux espèces de garanties que les puissances alliées peuvent légitimement trouver celles qu'elles sont en droit de demander à la France.

2° Après avoir déterminé avec précision la nature de ces garanties, il est également important d'examiner quelles sont les formes moyennant lesquelles les puissances alliées peuvent les obtenir régulièrement et d'une manière analogue aux principes sur lesquels se fonde leur alliance.

Garanties réelles.

On commence par l'examen des garanties de ce genre. Elles pourraient consister dans les suivantes :

A. Resserrer les limites assignées à la France par le traité de Paris.

B. Lui enlever la ligne de défense qui garantit les frontières, ou en détruire les fortifications.

C. La priver de tout le matériel de son état militaire, et en détruire les sources.

D. Frapper la nation d'une forte contribution pécuniaire qui la mette, pour longtemps, dans l'impossibilité de se relever de la crise actuelle.

Les puissances alliées, en prenant les armes contre Bonaparte et ses adhérents, n'ont point considéré la France comme un pays ennemi. (*Déclararation du* 13 *mars, traité du* 25 *mars, déclaration du* 12 *mai.*)

Maintenant qu'elles occupent le royaume de la France, elles ne peuvent donc y exercer le droit de conquête.

Le motif de la guerre a été le maintien du traité de Paris, comme base des stipulations du congrès de Vienne. La fin de la guerre ne saurait donc exiger la modification du traité de Paris, et celles qui s'ensuivront nécessairement pour toutes les transactions subséquentes.

Conséquemment, si les puissances alliés devaient dans les circonstances présentes exercer en France le droit de conquête, il faudrait nécessairement qu'un nouveau traité déterminât au préalable les motifs de ce changement de système et en fixât les principes; mais ces motifs et ces principes seraient en contradiction avec ceux qui ont été consacrés par le traité de Paris et par toutes les stipulations de Vienne.

Ces stipulations en effet ont eu pour but de reconstruire les États respectifs sur une échelle propre à rétablir un juste équilibre en Europe.

En portant atteinte à l'intégrité de la France, il faudrait revenir sur toutes les stipulations de Vienne; procéder à de nouvelles stipulations territoriales; combiner un nouveau système d'équilibre. Cette opération difficile et peu analogue aux principes libéraux qui caractérisent la politique des grandes puissances, provoquerait une divergence dans la conduite uniforme qu'elles ont suivie jusqu'ici, et de laquelle seule les peuples attendent leur repos.

Les alliés ont reconnu le roi de France durant l'usurpation de Bonaparte. Il vient d'être replacé sur son trône par la force de leurs armées. Il est donc de leur justice, autant que de leur intérêt, d'affermir l'autorité de ce monarque, et de l'aider du concours de toute leur puissance à fonder, sur un intérêt général et national, la force morale de son gouvernement.

Ce serait détruire dès son principe la restauration de cette monarchie, que d'obliger le roi à consentir à des concessions qui donneraient au peuple français la mesure de la méfiance avec laquelle les puissances alliées envisagent la stabilité de leur propre ouvrage.

Affaiblir directement les forces de la nation française pour obliger à respecter le gouvernement que l'Europe veut reconnaître comme légitime, c'est dire à la France, qu'un gouvernement légitime est pour elle une calamité; c'est justifier peut-être aux yeux de la postérité toutes les horreurs de la révolution; c'est faire croire à la France que la guerre n'est pas encore terminée; c'est engager les puissances à se tenir en mesure de la faire avec succès.

Ces considérations et celles qu'on pourrait aisément en déduire, donnent la juste valeur politique de toutes les garanties qui appartenaient exclusivement à cette classe.

Garanties morales.

Un système de gouvernement quelconque ne peut offrir à lui seul la garantie absolue de sa stabilité.

Il est inutile de développer cette observation, comme il serait déplacé d'examiner ici quelle serait, dans la situation actuelle de la France, la réforme constitutionnelle la plus propre à raffermir solidement le pouvoir souverain, et à étendre entièrement dans ce pays tout foyer de révolution.

Ce dont toutefois l'on peut convenir, c'est qu'en préservant à jamais la France du retour de la dynastie de Bonaparte et de son influence pernicieuse, le roi peut et doit rétablir son autorité constitutionnelle de manière à ce que la partie saine et la majorité de la nation se rallie fortement à son trône.

Les puissances alliées ne sauraient néanmoins faire consister les résultats de tous leurs sacrifices dans cet état de choses hypothétique qui n'aurait pour toute garantie que des opinions abstraites et des combinaisons conjecturales. Il paraît conséquemment juste d'affirmer que, dans la classe exclusive des garanties morales, les puissances alliées ne peuvent trouver celles qu'elles sont tenues de présenter à l'Europe comme le gage de son repos. Cela étant, il faut nécessairement chercher ces garanties dans les deux classes réunies, en partant du principe que les garanties réelles ne sauraient être fondées sur le droit de conquête.

Garanties morales et réelles.

Supposons que le roi de France, par un accord entre ses opinions et celles des puissances alliées, parvienne à réformer la monarchie française, de manière à ce que les intérêts de tous les partis se confondent en un seul, savoir celui du gouvernement et de la représentation nationale.

Cette garantie morale de la fin de toute révolution en France, deviendrait réelle du moment que l'ordre et le repos qui doit en résulter ne pourront être troublés par une réaction intérieure quelconque, semblable à celle qui a reporté Bonaparte sur le trône, sans que la France attire encore sur son territoire des armées étrangères. Faire sentir par le fait au peuple français cette grande vérité, en convaincre tous les partis, c'est le forcer indirectement à ne rechercher son salut que dans le maintien de la constitution que la France aura adoptée pour sortir de l'état d'humiliation et d'anéantissement auquel ses égarements l'ont réduite.

Les puissances alliées peuvent remplir de deux manières cette tâche importante.

1° En renouvelant entre elles des stipulations conformes à celles du traité du 25 mars, à l'effet d'*exclure en vertu d'une loi générale, sanctionnée par toute l'Europe, Napoléon Bonaparte et toute sa famille du pouvoir suprême en France*; de mettre en vigueur, pour un temps déterminé, la partie défensive du traité de Chaumont, contre toute atteinte que la France à l'avenir pourrait porter à la sûreté des autres États européens.

2° En prenant, du consentement du gouvernement actuel, une position militaire en France, et en la conservant tout le temps qui serait jugé nécessaire pour obtenir la certitude de la stabilité du système de gouvernement qui serait adopté, et qu'on trouvera propre à mettre un terme à toutes les révolutions, pour donner aux états limitrophes de la France le temps et les moyens de renforcer leur ligne de défense.

Sur la première mesure, les puissances alliés conserveraient une égalité parfaite dans leurs rapports avec la France, et cet état serait tenu de payer une contribution pécuniaire destinée à subvenir aux frais occasionnés par la guerre actuelle, et à mettre en même temps les états limitrophes en mesure de pouvoir garantir, par de nouvelles fortifications, leur propre sécurité; et conséquemment celle de l'Europe contre l'immense et menaçante ligne des places fortes que la France présente le long de ses frontières, du côté de la Belgique et du Rhin.

C'est à ce titre qu'une contribution considérable pourrait être légitimement fournie par la France aux puissances alliées, comme moyen de concilier la conservation de son intégrité territoriale avec ce qu'elle doit à la sûreté et à la tranquillité générales si longtemps sacrifiées à ses tentations et à son ambition.

En percevant cette contribution, les puissances ne violeraient aucun principe de justice; en s'y soumettant, la France y trouverait son salut, sans voir son existence politique compromise par la nature et la force du remède. Mais comme il est de toute impossibilité de retirer à la fois ou en peu de temps toute la somme de cette contribution, il s'ensuit que les alliés auraient, à ce titre, le droit d'occuper une ligne militaire dans le territoire français, jusqu'à l'époque où cette contribution serait acquittée.

Par cette mesure, fondée sur un droit incontestable, les alliés obtiendraient indirectement l'autre avantage, celui de mettre à l'épreuve du temps et de l'expérience la garantie morale qui consisterait dans la réforme constitutionnelle de la monarchie française.

En effectuant cependant cette mesure, les alliés ne sauraient maintenir l'égalité de leurs rapports actuels avec la France.

On a déjà démontré que ce n'est que du consentement du gouvernement que les alliés pouvaient garder en France une position militaire. Or, s'il y a moyen d'obtenir ce consentement libre, ce n'est qu'en offrant au gouvernement français des garanties qui le mettent en état de persuader à la nation que cette attitude militaire des alliés sur le territoire français cessera, aux conditions et dans les temps déterminés par un traité formel.

Il suit de cette considération, que, parmi les puissances alliées, celles dont les troupes pourraient le plus convenablement occuper une position militaire en France, ne sauraient à la fois être considérées comme propres à offrir cette garantie. Elle serait conséquemment réservée aux puissances dont les troupes évacueraient immédiatement le territoire français. Ces deux systèmes de garanties positives présentent un nombre de combinaisons faciles à saisir, et sur lesquelles il semble prématuré d'entrer dans des développements ultérieurs.

Il s'agirait de réunir les opinions des cabinets sur le système qu'on jugerait le plus adapté aux circonstances, et le plus conforme aux principes comme au but que l'alliance s'est proposé.

Mais quel que soit le système de garantie qu'adopteront les puissances, les formes à suivre pour le réaliser ne peuvent être que celles d'une négociation amicale avec le gouvernement français.

L'Europe a été et se trouve alliée de ce gouvernement. L'ayant replacé à la tête de la nation française, elle est en paix avec la France. Si ce gouvernement ne s'ouvre pas encore avec une pleine et entière confiance aux alliés, si toute la France, ou pour mieux dire le parti le plus immédiatement intéressé à la révolution, ne se rallie pas encore de bonne foi au gouvernement, c'est que les alliés n'ont point déclaré dans quelles intentions ils occupent la France et se proposent de s'y maintenir.

Le traité du 25 mars et les déclarations des alliés sont sous les yeux de la nation française. Bonaparte, l'objet principal de l'un et des autres est en leur pouvoir. Le roi est censé gouverner légitimement la France. Néanmoins les armées alliées vont prendre des cantonnements. On travaille à un système d'administration destiné à pourvoir à leurs subsistances pour un long espace de temps. Des divergences momentanées, provoquées par l'ascendant du pouvoir militaire, font croire que quelques-unes des armées alliées se considèrent en pays ennemi.

Le silence des cabinets glace les esprits, autorise toutes les méfiances, alarme une nation ivre d'orgueil et d'amour-propre, et capable encore d'une grande énergie, double ses souffrances, peut exciter en elle le désespoir.

Il est donc urgent que les cabinets s'expliquent catégoriquement avec le gouvernement français sur les garanties qu'ils se proposent de lui donner.

A cet effet, il paraît nécessaire :

1º De se concerter sans délai sur ces garanties, et de les déterminer de commun accord.

2º D'entamer une négociation formelle avec le gouvernement français, afin de les lui faire adopter.

3º De consigner le résultat de cette nouvelle négociation dans un traité qui serait stipulé entre les puissances alliées et la France, et de donner, en conséquence de ce traité, une déclaration par laquelle, en annonçant la fin de la guerre, on déterminerait le rapport de la France avec les puissances signataires du traité du 25 mars.

On pourrait objecter ici qu'il serait imprudent d'aborder ces questions avec le gouvernement français, tant que plusieurs forteresses sont encore au pouvoir de leurs garnisons, et tant que l'armée n'est pas licenciée et dissoute. Cette objection porte essentiellement sur la crainte d'une réaction de la part de l'armée, du gouvernement et de la nation.

L'armée et la nation se prêteront aux vues des alliés, si elles se bornent à procurer à la France une constitution solidement établie et propre à rallier tous les partis. Dans ce cas, le gouvernement ne peut que seconder les intentions des alliés. Cette réaction ne saurait donc avoir lieu toutes les fois que les prétentions des alliés seront conformes aux principes et aux conditions sur lesquelles repose leur alliance.

D'ailleurs peut-on supposer que le gouvernement concoure à mettre les alliés en possession des forteresses, tant qu'il ignore leur système politique à l'égard de la France? Dissoudra-t-il l'armée pour se placer dans un état de nullité absolue, et pour souscrire à toutes les lois que la force voudrait lui imposer?

L'ensemble de ces considérations démontre qu'en gardant un silence qui provoque et autorise toute espèce d'appréhensions, les alliés n'obtiendront pas ce qu'ils semblent désirer, c'est-à-dire la faculté de tout pouvoir et de tout obtenir, sans compromettre la sûreté de leurs armées, et la liberté de leurs communications.

De plus grands détails sur le mode de combiner les garanties morales et réelles, et d'en déterminer les proportions ne sauraient trouver place dans ce mémoire.

XIV.

Note présentée par M. le prince de Hardemberg.

Le but que les puissances de la grande alliance de

l'Europe s'étaient proposé d'atteindre, est d'amener un état de choses tel qu'une paix solide et durable fût assurée à tous.

La France a, de rechef, troublé cette paix; l'Europe a généreusement pardonné l'année passée à la France.

L'expérience a prouvé que cette confiance généreuse dans la loyauté de la nation française a manqué le but proposé. Employer encore une fois une telle générosité serait une faiblesse impardonnable.

L'Europe se doit à elle-même, et chaque puissance doit à ses peuples, de prendre des mesures de sûreté pour se garantir d'être facilement troublée par la France.

L'Europe a le droit de demander ces garanties, puisque la France ne s'est pas montrée digne de sa confiance et de sa générosité.

C'est son devoir, puisque chaque puissance a pris des engagements formels envers la nation, de lui donner une paix solide et durable.

L'Europe a en même temps le droit de demander à la France des indemnités pour les frais de cette guerre provoquée par elle.

La grande question est donc :

En quoi ces indemnités et ces garanties doivent-elles consister?

Quand on analyse cette grande question, les questions spéciales suivantes se présentent.

1. Les garanties doivent-elles être purement politiques ou purement militaires? ou bien politiques et militaires ensembles?

2. Si elles doivent être politiques et militaires, en quoi doivent consister les garanties politiques?

3. En quoi les garanties militaires?

4. Est-ce que ces dernières doivent consister en mesures de sûreté temporelle ou permanente, ou en toutes ces choses à la fois?

5. En quoi doivent alors consister les mesures de sûreté temporelle?

6. En quoi doivent consister les garanties permanentes?

7. En quoi doivent consister les indemnités? et si elles doivent consister simplement en des contributions que l'on demandera à la France, ou en argent ou en pays?

8. En quoi, dans ce cas, doit consister la valeur en argent? en quoi la masse du pays?

9. Ou quelles doivent être les provinces que l'on demandera à la France?

Sans vouloir préjuger l'une ou l'autre de ces questions, je me permettrai quelques considérations.

(A.) Si on ne demande que de l'argent, quelque sera la somme, on ne sera pas indemnisé.

(B.) Une nation qui a plus d'égoïsme que de patriotisme, trouvera moins sûre de céder des provinces que de payer de l'argent, puisque la charge d'une contribution tombe sur chacun, et que céder quelques départements ne tombe que sur l'ensemble et sur le gouvernement.

(C.) Comme ce cas supposé existe apparemment en France, une indemnisation purement en argent lui paraîtra plus dure et sera moins avantageuse pour la coalition qu'une indemnisation donnée en partie en pays; d'ailleurs le Français est avare, la masse du peuple n'est pas riche : si on lui demande une forte somme d'argent, il en sera plus mécontent que si la France en général cède quelques départements. Je préférerais donc d'indemniser les états éloignés de la coalition et de demander pour les autres du pays.

(D.) Quant aux garanties, l'expérience prouve que rien n'est plus fait pour aigrir une nation que de lui demander des garanties temporelles.

Des cessions permanentes s'oublient; ce n'est que le trait de plume de la cession qui coûte; des cessions temporelles rappellent à chaque individu d'une nation le joug sous lequel elle se trouve, et ces souvenirs se répètent chaque jour, chaque semaine, chaque mois, chaque année, aussi longtemps que cet état de choses dure, puisque la charge d'une occupation passagère pèse sur chacun et le pousse, par son intérêt même, à se soustraire au joug qu'il porte et à le repousser; témoin l'occupation des forteresses de la Prusse de la part des Français, qui prouve entièrement cette vérité.

Veut-on se brouiller avec la nation française en lui demandant des garanties temporelles?

Si l'on ne le veut pas, si l'on veut une paix solide, qu'on établisse entre elle et ses voisins des limites qui garantissent à l'une et aux autres une défensive naturelle ou artificielle.

(C.) Lorsqu'une nation a surpassé sa défensive marquée par la nature ou par l'art, elle devient offensive et menaçante par ce pas même.

Son activité, ses forces, sa politique, ses instituts, son esprit national, son opinion publique, tout prend alors la direction de sa situation géographique, et elle conservera cet esprit aussi longtemps que sa situation géographique restera la même.

La France se trouve dans ce cas depuis que Louis XIV, par une ambition démesurée et quelques heureuses campagnes, parvint à ôter aux pays voisins la défensive que leurs ancêtres avaient établie; savoir: dans les Pays-Bas et sur la Meuse, les forteresses qui forment à présent la première et la deuxième ligne des forteresses françaises vers l'Allemagne, en ôtant à cet empire l'Alsace, et les places fortes de la Moselle et de la Sarre.

Dès ce moment, l'histoire nous montre l'inclination de la France de pousser ses conquêtes plus loin et de subjuguer les autres états.

Pourquoi?

Puisque la France voyait la facilité qui existait pour elle et la difficulté que les états voisins avaient de lui résister, puisque son offensive se trouvait dans sa situation géographique, et puisque cette situation même l'y poussait et l'induisait à chaque moment.

Veut-on donc une paix durable et solide comme on l'a annoncé et prononcé tant de fois? la France elle-même veut-elle sincèrement une telle paix avec ses voisins? Il faut qu'elle rende à ses voisins la défensive qu'elle leur a ôtée, c'est-à-dire l'Alsace et les forteresses des Pays-Bas, de la Meuse, de la Moselle et de la Sarre.

Ce ne sera qu'alors que la France se verra dans une vraie ligne défensive, savoir : dans les Vosges et dans les deux lignes de forteresses depuis la Meuse jusqu'à la mer, et seulement alors restera tranquille.

Si on ne la fait pas rentrer dans les limites marquées plus spécialement encore sur la carte ci-jointe, les nations voisines n'auront pas recouvré leur défensive contre la France, et l'avantage de la situation géographique et militaire de cet empire et la facilité qu'il gardera d'aller plus loin, influeront tellement sur la politique, sur l'ambition et sur le caractère de la nation, enfin sur son opinion publique et son cabinet, qu'il est à prévoir qu'aux premières circonstances favorables qui se présenteront, la France tâchera, de rechef, d'étendre ses frontières jusqu'au Rhin, et dès-lors plus de bornes, puisque, dès ce moment, son influence sur l'Allemagne sera si grande qu'elle sera entraînée malgré elle à troubler le repos de l'Europe.

Pour le bien de l'Europe, pour le bien de la France, ne laissons pas échapper le moment favorable qui se présente à nous pour statuer une paix solide et durable.

Ajuourd'hui nous le pouvons, la main de la Providence a visiblement amené cette occasion. Si on la laisse échapper, des torrents de sang couleront pour atteindre ce but, et les cris de ces malheureux nous en demanderont raison.

Paris, 4 août 1815.

HARDEMBERG.

XV.

Récit de la bataille de Dresde.

(Extrait de *Napoléon au tribunal de César.*)

Le 27 août, au matin, nous débouchâmes de

Dresde, tandis que Vandamme prenait l'ennemi à revers par Kœnigstein. L'armée ennemie, rangée en demi-cercle devant la ville, appuyait sa droite en amont de Dresde, son centre sur les hauteurs de Rœkniz; mais sa gauche était en l'air, au-delà du défilé de Tharandt, qu'elle n'aurait pas dû dépasser. Klénau arrivait par Freyberg, à la tête de vingt-cinq mille hommes, à une marche en arrière, et devait rejoindre dans la soirée. Sous prétexte de faciliter sa jonction, Schwartzenberg s'obstina, contre tous les avis, à porter trois divisions autrichiennes au-delà de ce précipice : c'était les exposer sans nécessité. Il est vrai que c'était ma ligne directe de retraite, et qu'il était avantageux de s'en saisir. Mais Klénau y était déjà établi, et il suffisait qu'il y demeurât à une certaine distance; il était même plus convenable de le laisser à Freyberg que de l'attirer à Dresde, puisqu'il était, dans le premier de ces points, de deux marches plus près de ma base d'opération, et plus en mesure de me prévenir de vitesse, si je me décidais à regagner la Saale.

Il me convenait doublement de profiter de cette faute, puisqu'en accablant ces divisions isolées, je frappais à coup sûr et rouvrais ma communication. Je lançai sur elles le roi de Naples avec la cavalerie de Latour-Maubourg et le corps de Bellune. Un combat très-chaud s'engagea entre Lobela et Corbitz. Le temps était affreux; des torrents de pluie tombaient depuis le milieu de la nuit. Le peu de cavalerie autrichienne ne put résister aux masses de nos cuirassiers; l'infanterie, trempée et hors d'état d'exécuter un feu de mousqueterie, fut enfoncée sur son centre vers Corbitz. Giulay ayant été refoulé dans le gouffre de Tharandt, vers Potschapel, Murat se rabattit contre les trois brigades de l'extrême gauche, sous les ordres de Metzko, qui, isolées, débordées et culbutées, mirent bas les armes, après d'inutiles efforts pour se dégager. Plus de dix mille prisonniers furent le prix de ce brillant fait d'armes.

Dans le même temps, la gauche de Bellune s'établissait dans le village de Plauen, qui forme la clef du défilé de Tharandt, et seul point par lequel il eût été possible de secourir immédiatement ces divisions compromises.

Marmont et Saint-Cyr, adossés au camp retranché, se bornèrent à canonner l'ennemi et à soutenir quelques charges des Autrichiens et des Prussiens : le dernier se logea dans le Gros-Garten et s'appuya au village de Strehlen, que Kleist avait d'abord évacué par ordre, et qu'il avait ensuite inutilement voulu reprendre. Les masses énormes que les alliés avaient rassemblées à leur centre sur les hauteurs de Rœkniz, ne permettaient pas de rien entreprendre sur ce point. Je me contentai de les faire canonner par l'artillerie de la garde et celle du duc de Raguse. Ce fut ici que Moreau eut les deux jambes emportées par un boulet français. Ce général, que mes ennemis avaient cru capable de balancer ma fortune, était revenu d'Amérique pour entrer au service de la Russie. Il s'aperçut bientôt de sa faute. Les Autrichiens, jaloux, ne lui laissèrent aucune part au commandement, et il n'obtint au quartier-général des souverains que l'influence négative d'un censeur en sous-ordre. Il mourut le lendemain à Laun, digne peut-être d'un meilleur sort.

A notre gauche, Ney, ayant réuni les quatre divisions de la jeune garde entre le Gros-Garten et l'Elbe, déboucha vivement de Grüna contre Wittgenstein. Il lui fut d'autant plus facile de pousser jusqu'à Reick, que les alliés avaient pris, dans la nuit, la résolution de se concentrer sur les hauteurs de Leubnitz, en abandonnant la vallée de l'Elbe, pour tomber sur notre flanc, si nous osions nous y engager. Le général russe de Roth n'en défendit pas moins avec beaucoup de gloire les villages de Seidnitz et Gros-Dobritz, et regagna en ordre la droite de Wittgenstein, derrière Reick.

Cependant Kleist, Miloradowitsch, les réserves du grand-duc Constantin, Colloredo, les réserves du prince de Hesse-Hambourg, n'avaient, pour ainsi dire, pas donné ; la moitié de ces masses, accumu-

lées au centre, pouvait changer de front, se jeter
par Strehlen sur Ney, qui, étendant trop sa gauche, se présentait, pour ainsi dire, parallèlement
à l'Elbe, et pouvait y être culbuté. Le conseil en
fut donné; l'empereur Alexandre l'approuva, et on
vit en effet les masses de Kleist et de Miloradowitsch
se disposer à ce coup décisif. Mais on attendait pour
cela le signal de Barclay, qui devait descendre de
Leubnitz avec les corps de Gortshakof et les réserves. Barclay, ne sachant pas apprécier la manœuvre,
ne descendit point; les autres attendirent vainement
le signal, et les choses en restèrent là. Ce mouvement, exécuté avec vigueur et ensemble, aurait pu
balancer la défaite de Giulay à la gauche.

Les Autrichiens ne purent s'en prendre qu'à
leurs chefs du sanglant affront qu'essuyèrent leurs
armes. Non contents de recommander à leur gauche
de tenir tout l'espace entre Plauen et Priesnitz
jusqu'à l'Elbe, ce qui était absurde, ils n'y attachèrent qu'une division de cavalerie, tandis que les
réserves du prince de Hesse-Hombourg, entassées
en grosses masses au centre, y éprouvèrent inutilement par le feu de notre artillerie autant de pertes
que si elles eussent été engagées. C'était assez de
vingt mille chevaux russes et prussiens sur un terrain peu favorable aux manœuvres de la cavalerie,
à cause de la place de Dresde, si les trois divisions

de cuirassiers autrichiens eussent été portées à cette aile, la bataille eût été décisive et leur infanterie sauvée.

Il était cinq heures; l'obscurité commençait à étendre ses voiles; la pluie redoublait, les troupes en étaient abîmées. Les alliés, instruits à la fois du désastre de leur gauche et du passage de Vandamme à Kœnigstein, en furent ébranlés. La majorité des avis penchait à la retraite; l'empereur de Russie s'en souciait peu, et le roi de Prusse n'en voulait point entendre parler; mais les Autrichiens déclarèrent qu'ils n'avaient amené avec eux qu'un demi-approvisionnement d'artillerie, qu'ils n'avaient plus que quelques coups à tirer; que les parcs de vivres, encombrés dans les chemins étroits des montagnes, n'avaient pu suivre; en un mot, qu'il fallait regagner la Bohême, pour empêcher la dissolution de l'armée. Malgré l'opposition constante du roi de Prusse, on se décida enfin à la retraite. Deux généraux, chargés d'en rédiger l'ordre, revinrent bientôt avec une disposition burlesque qui prescrivait la retraite jusque derrière l'Eger, en cinq colonnes; chacune d'elles avait son itinéraire tracé pour plusieurs jours, comme une feuille de route par étapes qu'on exécute en pleine paix, sans qu'on s'inquiétât de ce qui arriverait aux autres colonnes.

De telles combinaisons remuèrent la bile des censeurs éclairés; mais le temps pressait; si l'on voulait se retirer de nuit, il n'y avait pas une minute à perdre. On consentit à tout par lassitude et dégoût plus que par conviction. Ce qui achève de peindre cette disposition, c'est que ses auteurs craignirent de faire prendre à l'aile droite la bonne chaussée de Pirna, parce que Vandamme s'y trouvait avec vingt-cinq mille hommes; c'était une absurdité; car il n'y avait pas de rivière, pas d'obstacle notable à franchir : Barclay, Kleist et les réserves russes auraient pu suivre cette chaussée sans grand inconvénient. Vandamme, pressé entre eux et le corps d'Ostermann, eût été heureux lui-même de se sauver. On dirigea Barclay et Kleist par Dohna sur Gieshubel; Klénau par Freyberg et Marienberg; les Autrichiens par Altenberg et Zinnwald. Cet ordre, mal conçu, fut encore aggravé par Barclay, qui, craignant de trouver le passage barré à Peterswalde ou à Dohna, aima mieux se rejeter avec les Russes sur la route de Dippodiswalde et d'Altenberg, où l'encombrement avec les Autrichiens devint affreux.

Cette résolution fut d'autant plus déplacée, que le comte Ostermann, livré à lui-même, réussit à s'ouvrir un passage, et que le maréchal l'aurait pu bien aisément avec cinquante mille hommes de plus.

L'ennemi perdit beaucoup d'artillerie et eut trente mille hommes hors de combat, en y comprenant dix mille Autrichiens de l'aile gauche, qui mirent bas les armes. La poursuite ne nous procura pas moins de trophées; nous ramassâmes dans les défilés deux cents pièces ou caissons d'artillerie, et un millier de fourgons ou charrettes d'équipages, outre une multitude de traîneurs et de blessés.

Cette victoire est une des plus glorieuses que j'aie remportées. Nous étions un contre deux, et cependant la victoire ne fut pas un instant chancelante aux points où je frappai. C'est la seule bataille où j'aie opéré sur mes deux ailes : la position de Dresde au centre me permettait de le faire sans craindre de le dégarnir. Cette circonstance était d'autant plus heureuse pour moi, que les communications des alliés, c'est-à-dire les deux seules chaussées existantes, se trouvaient aussi sur les ailes, et qu'en m'en emparant, je les forçais à rentrer en désordre dans les défilés.

Le jour même où je remportais ces succès importants, Vandamme, franchissant l'Elbe à Kœnigstein avec trente mille hommes, avait fait plier le comte Ostermann, qui masquait ce fort avec la division des vieilles gardes russes et le corps du prince Eugène de Wurtemberg : soit qu'il en eût d'abord l'instruction, soit qu'il fût gagné par la droite, Ostermann se replia vers Pirna. Le 28 août, par suite du mouvement rétrograde des alliés, il fut forcé de reprendre le chemin de Péterswalde. Vandamme, l'ayant déjà débordé, coupait la route en premier lieu vers

Gieshubel, puis à Hœllendorf. Le général russe fut contraint de percer : nos jeunes soldats, obligés de défendre une ligne trop considérable, ne purent résister aux vétérans de la vieille garde, et furent enfoncés. Ostermann bivouaqua à Péterswalde, où il rallia ses forces, et, le lendemain, il défendit le terrain pied à pied jusqu'à Culm avec une fermeté exemplaire : une de ses brigades coupée parvint même à le rejoindre. J'avais prévu tout le parti que je pouvais tirer de cette position de Vandamme, si j'étais victorieux devant Dresde. Il avait reçu un premier ordre de descendre des montagnes et de pousser vivement sur Tœplitz, avec la promesse d'être soutenu. Si ce mouvement avait réussi, c'en était fait de la majeure partie des alliés, encore engagés en retraite dans les défilés d'Altenberg. La fortune en décida autrement.

XVI.

Lettre du duc de Vicence, relative aux négociations de Châtillon.

20 janvier 1820.

« Dans un ouvrage de M. Koch, intitulé : *Campagne de 1814*, se trouvent rapportés plusieurs fragments de lettres écrites par moi à l'Empereur et à M. le prince de Neufchâtel, pendant la durée du congrès de Châtillon.

« Je crois devoir déclarer que je suis absolument étranger à la communication de mes correspondances et à leur publication. Les hautes sources auxquelles l'auteur annonce avoir puisé donnent à son ouvrage une importance historique qui ne me permet point, en ce qui me concerne, de consacrer par mon silence les erreurs qu'il renferme. La plupart des détails relatifs aux événements et aux négociations qui ont eu lieu depuis le 31 mars jusqu'au 12 avril sont inexacts.

« Quant au congrès de Châtillon, si les événements ont justifié le désir que j'avais de voir la paix rendue à ma patrie, il serait injuste de laisser ignorer à la France, à l'histoire, les motifs d'intérêt national et d'honneur qui empêchèrent l'Empereur de souscrire aux conditions que les étrangers voulaient nous imposer.

« Je remplis donc le premier des devoirs, celui d'être équitable et vrai, en faisant connaître ces motifs par l'extrait suivant des ordres de l'Empereur :

« Paris, le 19 janvier 1814.

« . . . . La chose sur laquelle l'Empereur
« insiste le plus, c'est la nécessité que la France

« conserve ses limites naturelles. C'est là une con-
« dition *sine quâ non*. Toutes les puissances, l'An-
« gleterre même, ont reconnn ces limites à Franc-
» fort. La France, réduite à ses limites anciennes,
« n'aurait pas aujourd'hui les deux tiers de la puis-
« sance relative qu'elle avait il y a vingt ans. Ce
« qu'elle a acquis du côté des Alpes et du Rhin ne
« compense point ce que la Russie, l'Autriche et la
« Prusse ont acquis par le seul démembrement de
« la Pologne. Tous ces états se sont agrandis. Vou-
« loir ramener la France à son état ancien, ce se-
« rait la faire décheoir et l'avilir. La France, sans
« les départements du Rhin, sans la Belgique, sans
« Ostende, sans Anvers, ne serait rien. Le système
« de ramener la France à ses anciennes frontières
« *est inséparable du rétablissement des Bourbons,*
« parce qu'eux seuls pourraient offrir une garantie
« du maintien de ce système; l'Angleterre le sent
« bien. Avec tout autre, la paix sur une telle base
« serait impossible et ne pourrait durer. Ni l'Em-
« pereur, ni la république, si des bouleversements
« la faisaient renaître, ne souscriraient jamais à une
« telle condition. Pour ce qui est de Sa Majesté,
« sa résolution est bien prise : elle est immuable.
« Elle ne laissera pas la France moins grande qu'elle
« ne l'a reçue. Si donc les alliés voulaient changer
« les bases proposées et acceptées, *les limites natu-*
« *relles,* elle ne voit que trois partis : ou combattre

« et vaincre, ou combattre et mourir glorieuse-
« ment, ou enfin, si la nation ne la soutenait pas,
« abdiquer. Elle ne tient pas aux grandeurs; elle
« n'en achètera jamais la conservation par l'avilis-
« sement. »

« Signé : Caulaincourt duc de Vicence. »

FIN DU TOME SECOND.

TABLE

des Chapitres du tome second.

Chapitres Ier.	Pages 1
II.	23
III.	39
IV.	64
V.	85
VI.	124
VII.	153
VIII.	172
IX.	192
X.	226
XI	244
Appendice.	265

BIBLIOTHÈQUE

DE

ROMANS MODERNES

A 3 fr. 50 le volume.

Bibliothèque de Romans Modernes.

En Vente.

Frédéric Soulié.

LES QUATRE ÉPOQUES,
2 volumes in-8°.

SATHANIEL,
2 volumes in-8°.

LE VICOMTE DE BÉZIERS,
2 volumes in-8°.

LE CONSEILLER D'ÉTAT,
2 volumes in-8°.

LES DEUX CADAVRES,
2 volumes in-8°.

LE MAGNÉTISEUR,
2 volumes in-8°.

LE COMTE DE TOULOUSE,
2 vol. in-8°.

www.ingramcontent.com/pod-product-compliance
Lightning Source LLC
Chambersburg PA
CBHW050535170426
43201CB00011B/1438